自治体議会政策学会叢書

スウェーデン
高い税金と
豊かな生活

―ワークライフバランスの国際比較―

星野 泉 著
（明治大学教授）

イマジン出版

目　　次

はじめに 5

第1編　制度と実態編―スウェーデンの生活税制― 8

 1　国際比較からみた税源配分状況 8
 2　租税負担と所得税負担 11
 3　北欧の地方税 15
 4　スウェーデンの地方所得税 17
 5　スウェーデン（EU）の付加価値税（MOMS） 23
 6　比較してみた日本の生活税制 24

第2編　スウェーデンの行政サービス 27

 1　スウェーデンの地方自治体 27
 2　コミューンとランスティングの関係（市町村―県関係） ... 29
 3　コミューンとランスティングの公共サービス供給 32
 4　大都市の交通対策 33

第3編　生活実感・住んでみて編 43

 1　北欧スウェーデンのヨーテボリ 43
 2　ID番号のある世界―パーソンナンバー（Personnummer
  ＝ペションヌンメル）を取る 45
 3　晩秋の過ごし方 48
 4　自動車のまち 51
 5　新品の価値よりつかう価値 54
 6　都市の人口規模 60
 7　子を産み育てやすいか 64

8	都市間交通	67
9	2006年9月の総選挙	73
10	その後の新政権―民営化と料金値上げ	79
11	格差社会を超えて	82
12	マニュアルはあるのか？ ―サービスは「現場」で起きている―	85
13	負担することの嫌いな日本人、あまり気にしないスウェーデン人 ―環境と税―	86
14	スウェーデンの生活	89

結びにかえて―ヨーテボリの湖を想う― 95

著者略歴 99

発刊にあたって（竹下讓　自治体議会政策学会会長） 100

はじめに

　イギリスのエコノミスト誌が作成する年鑑『ザ・ワールド』は、様々な指標についてランキングを行い、トップ50や60なるものを紹介してきているが、2007年版では、60もの指標を集約し、1から10点までの点数を付けて、世界の民主主義国ランキングを提示している。それによれば、9.88というスコアでスウェーデンが世界一。他の北欧諸国も概して上位に位置している。

　上位28カ国が完全な民主主義国で、日本は20位。アメリカ（17位）、イギリス（23位）の間とされている。

　また、OECDの国際学力調査（2005年実施）では、15歳の読解力レベル世界一がフィンランド、他の北欧諸国も上位である。日本では否定的な評価に終わった、暗記や詰込みではなくゆとりをもって考えさせる教育として知られているが、周知のように、これらの国々は税や保険料の負担レベルでも最上位にある。

　負担が大きく教育レベルが高いと民主主義が進むということであろうか。あるいは、民主主義や教育のレベルが上がれば、高負担への理解が理性とともに進むのであろうか。

　かつて社会保障が整い過ぎて、将来の目標がなくなって自殺が多いといわれた北欧であるが、実は、自殺率は日本の方が高い。WHOの2007年公表のデータによって、（どの国でも女子に比べはるかに高い）男子の自殺率（10万人あたり）についてみると、日本男子は35.6人。フィンランドが31.7人である他は、他の北欧諸国

のスウェーデン、デンマーク、ノルウェー、アイスランド、いずれも20人を下回るものとなっており、概してヨーロッパはこの水準。その他の国と比べても東欧諸国を除けば日本の自殺率は極めて高い水準にあるのである。

　本書は、在外研究で２年間に渡るスウェーデンのヨーテボリ（Göteborg）滞在経験からスウェーデンの生活税制とともに、高負担とその根底にあるワーク・ライフ・バランス、そして文化、日常生活についてまとめたものである。

　なぜ北欧では高負担を続けていられるのか、日本では高齢社会を迎えているという意識があっても税制改革が進まないのは何故か。日本では、高齢社会の財源は消費税と決まっているかのように、所得税への関心が薄れてきているのに、北欧では消費課税ばかりでなく何故所得課税に多くを依存することができるのか。日本は、三位一体改革の下で住民税を累進税率から比例税率としたが、比例税率の住民税（地方所得税）の母国としてどのように機能しているのか。もともと、資産税ベースのイギリス地方税制研究をしてきたが、こうした事柄に興味深いものを感じたことが、今回北欧行きを選択した理由である。

　第１編は、「制度と実態編」としてスウェーデンの所得税、消費税の負担状況について紹介した。第２編は、「スウェーデンの行政サービス」として、地方行政と交通政策についてふれている。第３編では「生活実感・住んでみて編」とし、日常生活の中から感じた点、高負担国家での生活方法について思いつくまま記させていただいた。わずか２年の経験をもとにしているため、理解の誤りもあると思われるが、基本的に経験していないこと

は記していない。
　少子、高齢社会の進行著しい日本が、いやおうなく、少なくともより高負担国家の道を歩まなければならないとすれば、どう生活したらいいのか。どう生活できるのか。制度が生活、文化を生み出すのか、生活、文化が制度を生み出すのか。興味あるところである。

第1編　制度と実態編
―スウェーデンの生活税制―

　2007年の分権改革における税源移譲により、長きに渡り累進税率をとり近年は3段階累進税率であった日本の住民税は一律10％の比例税率となった。住民税の増税分は所得税減税となり相殺されているが、合わせて恒久的減税による定率減税も廃止されたため負担感は大きく、年金問題も絡んで必ずしも住民の理解が十分に得られているとはいえないようである。

　所得課税の地方税分を比例税率に、国税分を累進税率にというのは、北欧型所得税制、とくにスウェーデン型をベースとしたものであるが、地方税のほとんどを所得税に頼り税率も高い北欧型と日本型とは、かなりの違いが見られている。本編では、地方所得税を中心とするスウェーデンの所得税、およびEUの付加価値税に焦点をあて、日本型との違いをみたい。

1　国際比較からみた税源配分状況

　OECD歳入統計の2007年版によって、総税収に占める州、地方の税源配分についてみよう。この統計では、総税収（社会保障基金を含む）が連邦国家では、連邦、州、市町村、単一国家では、国、地方団体に配分されている。この他、EU、社会保障基金への配分がある。1975年から2005年の間、平均値でみると、単一国家についてはそれほど顕著な傾向はみられていないが、連邦

国家の地方税比率は概して減少傾向にあり、社会保障負担が伸びていることが特徴である。

連邦国家の連邦税は約50％、州税が20％、市町村税が10％ほどとなっている。2005年に州税が大きく、20％を大きく上回る水準にあったのは、カナダの38.4％、2003年より付加価値税が導入され全ての州に配分されることになったオーストラリアが27.9％、スイス25.1％、ベルギーの24.0％である。市町村税についてみると、スイスの15.6％、アメリカの14.1％が高い水準にある。州税の大きい連邦国家は、市町村の税収が小さく、基礎自治体より州中心の税システムがみられている。州と地方団体合わせて連邦税収の水準を超えているのは、スイスとカナダである。

単一国家についてみると、1975年以来、国税比率が61％から64％、地方税比率が12％から13％台となっている。表1のように、2005年に地方税がこの平均的水準を大きく上回る国は、デンマークの33.0％、スウェーデンの32.2％、近年の改革により数値が急上昇したスペイン30.2％、日本25.3％、アイスランド20.8％、フィンランド20.7％等である。このうち、アイスランドについては、社会保障負担がなく、国税と地方税を合わせて100％となっているため、地方税比率の高さは若干割り引いてみる必要があろう。ここの国税比率は79.2％ということであり、この水準はイギリスの国税比率とほぼ同等である。また、デンマークも社会保障負担は少ない。

反対に、連邦国家で州や市町村の税収比率が特に少ないのは、財源が中央に集中するメキシコの州、市町村の他、オーストラリアの市町村税、オーストリアの州税にこの傾向がみられる。単一国家の地方税では、ギリシャ、アイルランド、オランダ等が低い。社会保障負担等

表1　地方への税源配分が13%を超える単一国家（2005年、%）

	EU	国税	地方税	社会保障負担
デンマーク	0.4	64.4	33.0	2.2
スウェーデン	0.6	56.1	32.2	11.2
スペイン	0.4	36.5	30.2	32.8
日本		37.9	25.3	36.8
アイスランド		79.2	20.8	–
フィンランド	0.2	53.9	20.7	25.2
韓国		61.6	17.4	21.0
イタリア	0.3	52.3	16.6	30.8
チェコ	0.5	41.5	15.1	42.9
ノルウェー		86.7	13.3	–
OECD平均		61.3	13.6	24.7

（出典）*Revenue Statistics 1965-2006*, OECD, 2007.

を除き国税と地方税のみについて比較すると、国税比率の高いイギリスやポルトガル、ニュージーランドの地方税比率もかなり低い水準にあるといえる。ニュージーランドは、長く国税中心型税制をとっている一方、イギリスについては、1990年、地方事業税（事業レイト）の自治体から国への税源移譲に伴い、地方税が急減し、国税中心型となった。

このように、北欧の国々は、概して地方への税源配分が最も大きいグループに入っており、スウェーデンもこの中に入る。ただ、日本の状況がとくに小さいということもなく、少なくとも数字上は、北欧の次くらいには位置している。これは、1980年代からの減税が国税中心に行われてきたことにより、相対的に生じてきた面もある。さらに、2007年の税源移譲により、日本における地方税ウェートはさらに高まるとみられる。

日本における税源移譲論は、国と地方の歳入、歳出バランスの違い、すなわち、国税と地方税の収入は6対

4、租税としては国のほうが多く集めているのに対し、地方自治体の歳出の方が大きく、4対6と逆転していることに起因する。この部分は地方交付税、国庫支出金で、財政調整や財源保障を行い、さらに、国債、地方債といった公債で財政運営が行われている。

　日本では、自治体が総合行政主体として、公共サービスの主たる供給機関として存在し、担当範囲が極めて幅広い。そのため、自治体歳入、歳出の差が大きいことから、国から自治体へ税源移譲の必要性や、格差是正に関する強い要請、県レベルについては道州制論も議論されている。

　スウェーデンの地方自治制度は2層制であるが、日本の県レベル広域自治体に相当するランスティング、市町村レベル基礎自治体に相当するコミューンに上下関係はない。機能も、コミューンが福祉、教育など広範に行うのに対し、ランスティングは医療がほとんど全てで、いわば医療サービス運営のためのアドホック団体に近い。異なる点である。

租税負担と所得税負担

　GDP比でみたスウェーデンの租税負担率は、2005年、OECD30ヶ国中、社会保障負担を含めた場合、最も高い50.7％、含めない場合は4番目で37.2％である。個人所得課税については2番目で16.0％。他国の個人所得課税では、デンマークが飛び抜けて高く、ニュージーランド、アイスランドが14～15％台、ベルギー、フィンランドが13％台で続いている。個人所得課税と租税負担の状況には極めて強い関連がみられ、租税負担率の高

い国は概して豊富な個人所得税収をもっている。

日本の租税負担はといえば、OECD30カ国中、社会保障負担を含めないと後ろから2番目の17.3％（最低はメキシコ）。社会保障負担を含めると後ろから5番目で27.4％となる。含めた場合の最低はメキシコの19.9％であるが、アメリカ、ギリシャが27.3％、韓国が25.5％なので実質後ろから2〜3番目の水準。少子高齢化が進展し、スウェーデンを超え世界トップの高齢化率となって将来の不安が高まってきているのも関わらず、負担だけは異常に少なく、北欧の対極に位置する国となっている。

個人所得課税負担率もOECD平均9.2％に対し日本は5.0％、下から7番目であるが、チェコ、ポーランド、トルコ、ギリシャも4％台であり、それを下回るのはスロバキアと韓国のみである。いわゆる西欧先進国といわれる国は含まれていないのである。高齢化の進んだ北欧福祉国家は、確かに高税率（標準税率で20％以上）の付加価値税を課しているが、個人所得税の課税にも熱心であることを見ておかねばならない。租税負担の大きい国で、個人所得税が十分に得られていない国はない。消費税導入のため増税幅を上回るほどの所得課税減税を実施し、その後も所得税確保を怠ってきた日本とは異なる傾向である。少子高齢社会の財源として考えるべきは、消費税ばかりでないことを知らされるのである。（表2参照）

かつて極めて低いといわれた日本の所得税課税最低限は、最近の円安の影響もあり、主要国を上回るようになった。例とされた夫婦子供二人の片稼ぎ標準世帯というものも標準的ではなくなり、単身世帯と子供のいる夫婦世帯の数さえもが逆転し、単身世帯が益々多くなりつつ

表2　GDP比でみた租税負担率と各税負担率
―社会保障負担を除く租税負担率上位10カ国および日本―

(2005年、%)

	租税負担率 社会保障負担除く	租税負担率 社会保障負担含む	個人所得課税	一般的消費課税
デンマーク	49.2	50.3	24.5	9.7
アイスランド	38.1	41.4	14.4	11.5
ニュージーランド	37.8	37.8	15.5	9.0
スウェーデン	37.2	50.7	16.0	9.4
ノルウェー	34.8	43.7	9.7	7.9
フィンランド	32.0	44.0	13.5	8.7
ベルギー	31.5	45.4	13.9	7.3
オーストラリア	30.9	30.9	12.3	4.1
イギリス	29.6	36.5	10.8	6.8
カナダ	28.4	33.4	11.9	5.0
イタリア	28.4	41.0	10.5	6.0
日　本	17.3	27.4	5.0	2.6
平　均	26.9	36.2	9.2	6.9

(出典) 表1に同じ。
(注) カナダとイタリアは同じく10位。

ある。しかしながら、GDP比で見れば負担が低いことには変わりなく、その原因は、日本における豊富な所得控除（人的控除）制度と低税率ということになろう。

　賃金総額に占める所得税負担率は、表3のように、スウェーデン、フィンランド、オーストラリア、ニュージーランドなどでは、単身者であろうと夫婦子供二人の世帯（片稼ぎ）であろうと違いはない。日本の場合、単身者でさえ少ない負担が、家族が増えるに従い、より減少するという状況にある。

　また、所得税に社会保障負担の個人負担分を加え、現金給付（税額控除）を差し引くと、表4のようになる。

表3　賃金総額に占める所得税負担

(2006年、主要国、％)

	単身者（A）	夫婦子供二人 （片稼ぎ）（B）	B/A
デンマーク	30.2	25.0	82.8
アイスランド	24.3	13.4	55.1
スウェーデン	24.1	24.1	100.0
フィンランド	23.9	23.9	100.0
オーストラリア	23.7	23.7	100.0
ノルウェー	21.2	18.6	87.7
ドイツ	21.1	1.7	8.1
ニュージーランド	20.9	20.9	100.0
イギリス	17.6	15.8	89.8
アメリカ	15.7	-2.9	－
フランス	15.6	8.1	51.9
日本	7.3	3.9	53.4
平均	15.7	10.3	65.6

(出典) *Taxing Wages 2005/6*, OECD, 2007.
(注) 賃金は平均的水準。

　平均的賃金世帯でも児童給付を行っている国が多く、夫婦子供二人世帯で現金給付前と後が同じなのは、ドイツ、アメリカ、日本。いずれも、表3の所得税負担においても、単身者に比べ夫婦子供二人世帯の減税幅が大きい国である。ただ、この原因は、子供の存在であり、結婚しただけで負担を小さくしている国はほとんどない。また、単身親で平均賃金水準を下回る世帯の負担は大きく減らされているのが一般的であり、OECD平均で4.2％。片稼ぎ平均賃金世帯の14.5％と大きな差がある。日本は平均の4.2％を大幅に上回り、15.0％。ここばかりは、スウェーデンの16.5％に近い。スウェーデンに限らず多くの国では、低所得一人親世帯への重点給付がみられており、その点で日本は珍しいケースである。

表4　賃金総額に占める所得税・社会保障負担（個人負担分）及び現金給付（税額控除）後　　　　　　　　　　　　　　　　（2006年、主要国、％）

	単身者	夫婦子供二人（片稼ぎ）		単身親(低所得)子供二人
		現金給付前	現金給付後	現金給付後
ドイツ	42.7	23.1	23.1	21.1
デンマーク	40.9	35.7	29.0	12.8
スウェーデン	31.1	31.1	23.0	16.5
フィンランド	30.7	30.7	23.2	9.1
フランス	29.1	21.7	17.5	14.7
ノルウェー	29.0	26.4	20.5	8.4
イギリス	26.8	25.0	20.1	4.6
アイスランド	24.5	13.6	5.2	-1.6
オーストラリア	23.7	23.7	10.9	-11.6
アメリカ	23.4	4.8	4.8	-9.8
ニュージーランド	20.9	20.9	2.6	-13.8
日本	19.5	16.1	16.1	15.0
平均	26.4	20.9	14.7	4.2

（出典）　表3に同。
（注）　1　単身者の場合、現金給付後も変化なし。
　　　　2　単身親（低所得）世帯は平均賃金の67％水準のケース、その他は平均水準。

北欧の地方税

　このように、北欧諸国は、租税負担率が世界でも高い水準にあるとともに、地方への税源配分比率も大きい部類に属する。したがって、地方財政収入に占める地方税の割合も50％～70％程と高い水準にある。
　地方所得税負担率（GDP比）は、デンマークとスウェーデンが15～6％、フィンランド、ノルウェー、アイスランドが5～8％、所得税としての税源配分はいずれも地方税部分の方が大きく、所得税の中心部分が地方

所得税といえる。そして、表5のように、地方税は、アイスランドを除きほとんどの部分が個人所得税である。

　北欧諸国の地方税は、個人所得税源を国と地方で共有しており、国が課税ベースや控除等制度を決定し、地方自治体が税率決定権をもつというスタイルが一般的である。地方自治体の所得税としては比例税率を採用しており、その他の部分が国税の所得税となる。自治体の平均税率は、2006年、デンマーク32.6％（他に教会税が1％弱あり）、フィンランド18.3％（他に教会税1.32％）、スウェーデン31.6％（教会税は廃止済み）となっている。

　ただし、ノルウェーでは若干異なる。ここでは、所得税そのものを国と地方で共有しており、地方所得税はいわばその一部である。予算作成の際、一部を地方所得税として国が最高税率と最低税率を決定し、自治体はその範囲内で税率設定権をもつ。これまで、すべての自治体が最高税率を採用しているため、交付金・補助金とともにほとんどの収入源は国によって決定されているといえる。2004年、28％の所得税率のうち、地方が15.8％、国が12.2％の税率となっている。インフラ利用料および福祉サービスなどの公共料金設定には若干の自由裁量があるが、それも一定の規制の範囲内となっている。強い

表5　北欧諸国の地方税　　　　　　　　　　　　　　（％）

年	個人所得税 1985	個人所得税 2005	法人所得税 1985	法人所得税 2005	財産税 1985	財産税 2005	その他 1985	その他 2005	合計 1985	合計 2005
デンマーク	91.0	90.9	2.6	2.3	6.4	6.8	0.1	0.1	100.0	100.0
スウェーデン	98.3	100.0	1.4	0	0	0	0.3	0	100.0	100.0
ノルウェー	85.9	88.9	7.0	0	6.6	9.1	0.5	2.0	100.0	100.0
フィンランド	91.1	86.7	7.9	8.1	1.0	5.1	0.1	0.2	100.0	100.0
アイスランド	55.3	83.3	8.2	0	15.3	13.4	21.2	3.2	100.0	100.0

（出典）表1に同。

マクロ経済統制があり予算と借り入れについても承認が必要となる。他国は財政的自由があり、地方所得税の税率決定権を有することでも知られているが、北欧の中では、最も集権的地方財政制度をもつといえるだろう。また、アイスランドにも最高税率と最低税率の制限があるが、ここでは、各自治体の決定は様々である。

　国から地方への財政移転は、特定補助金から一般交付金への改革が実施されてきた。フィンランドでは、1993年に最も大きな改革が実施され、財政移転のほとんどが一般交付金となっている。しかし、デンマークとスウェーデンでは、もともと財政移転の規模がそれほど大きくなかったこともあり、変化の幅はこれほど大きくはなかった。ノルウェーは、財政移転の規模が最も大きく、交付金からの収入金額は3割を超えている。

4 スウェーデンの地方所得税

　スウェーデンの地方税は、すべて個人所得課税である。個人所得課税が地方税収の8割以上を占めることは北欧諸国の特徴であるが、単税制度といえる地方所得税をもっているのはスウェーデンのみとなっている。2004年、個人所得税（勤労所得税）のほとんど、還付前の個人所得税4,539億SEKのうち、4,198億SEKは国税の所得税ではなく地方所得税であるため、地方税としてばかりでなく、個人所得税の中でも大きな位置を占める。また、国税において還付が行われるため、還付額は国の所得税額を上回っている。

　一定以上の所得者には、国税の所得税が20％、25％税率で課税されており、国、地方を合わせた累進税率と

しては、自治体で決定される地方税率が30％であれば、30、50、55％の3段階税率となる。

個人所得税としては、地方税のみで納税が完了する者がほとんどとなっており、2004年に、国税の累進税率部分も負担する者は20歳以上住民の16％、そして20歳から64歳のフルタイム労働者の31％程度である。国税負担の始まる金額、すなわち国税所得税の課税最低限はインフレ率などに基づき決定されるが、年々の決定は政治的な課題となっている。

地方税の課税ベースの選択を決定する権限は国会にあるが、税率決定権は、自治体がもっており、地方自治と民主主義の重要な要素となってきた。しかしながら、1990年代初めの経済、財政危機に際し、政府は、税負担の全体的レベルについて関心を寄せ、1991年から94年にかけて、地方税である地方所得税の税率を凍結したが、課税権の侵害であり、憲法違反との批判にさらされ、この規制を緩和した結果、税率が上昇する自治体がみられた。そのため、政府は、97年から99年には、増税する自治体に対し、増収分の半分の政府補助金カット

表6　租税の分類　　　　　　　　（2004年）

	10億SEK	総税収の％	GDPの％
勤労者の税	824	64	32.0
資本税	136	10	5.3
財・サービス課税	336	26	13.0
総額	1296	100％	50.4％
EU	7	0.6	
地方所得税	420	32.4	
年金負担	165	12.7	
国税総額	704	54.3	

（出典）*Skatter i Sverige 2006,* Skatteverket.

を実施したが、2000年以降、この制限は取り払われている。

表7 勤労に関わる税負担
（2004年、単位100万SEK）

所得税	394,792
国所得税	34,023
地方所得税	419,839
国税からの還付	−59,070
社会保障負担総額	431,512
雇用者負担	323,109
自営業者	8,031
一般社会保障負担	72,115
特別税	28,258
雇用保険	1,350
住宅改善控除	−1,572
船舶補助金	−1,677
計	824,406

（出典）表6に同。

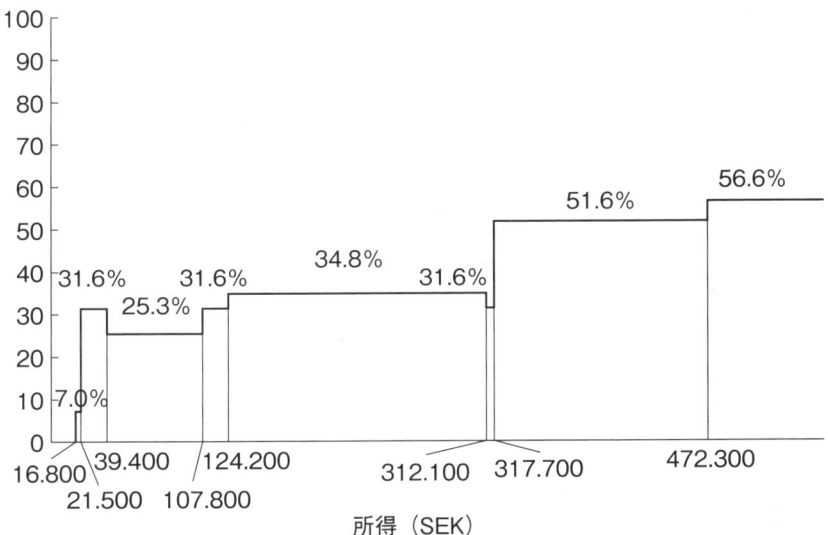

図1　所得税の限界税率（2006年）

（出典）　表6に同。

図2にあるように、所得税における基礎控除金額は、最低で17,100SEKが所得に応じて上昇し、31,000SEKを最大に減少し、最終的に11,900SEKまで減少する。所得控除は、この他、所得の7％を負担する年金負担の4分の1部分および個人年金控除があるが、総収入に対しては、極めて小さい部分を占めるのみである。なお、課税最低限未満の所得者にも均等割200SEKの負担がある。

　2007年、スウェーデンの地方所得税は、全国平均で31.55％、その内コミューン（市町村）が20.78％、ランスティング（県）が10.84％である。近年、比較的安定的な課税ベースの伸びがあり、2005年から2006年までは一人当り課税ベース（課税能力）の伸びは3.8％。したがって、前年比平均税率の上昇幅は概して小さく、最近では2003年の2.1％増が目立つ程度である。全国最高税率はVästra GötalandのDals-Edで34.24％、最低税

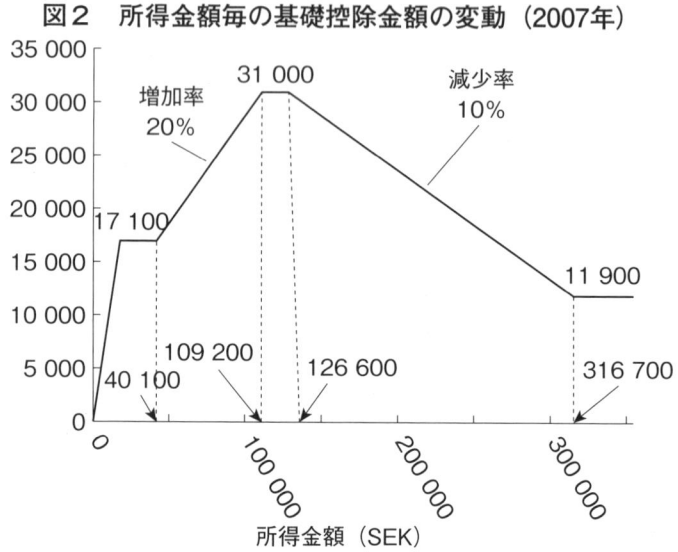

図2　所得金額毎の基礎控除金額の変動（2007年）

（出典）　表6に同。

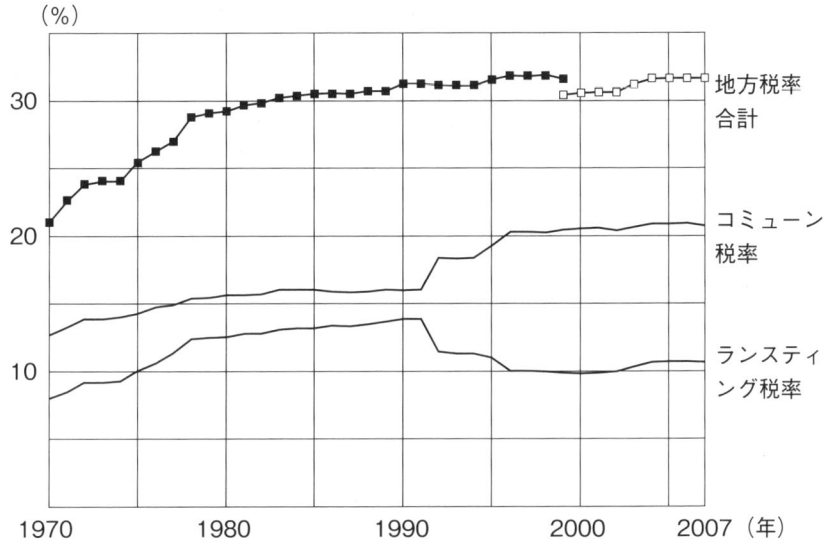

図3 地方税率（コミューン、ランスティング）
1970年―2007年

（出典）　*Kommunalskatterna 2007*, Statistiska centralbyrån.
（注）　1999年まで教会税（約1％）を含む。

率はSkåneのVellingeで28.89％となっている。ほとんどが31、32％台であり、一部例外を含めても最高自治体は最低自治体の約1.19倍にすぎない。日本の地方税にも、制限税率が標準税率の1.2倍に設定されているものがあるが、まさにその水準に自然と収まっているということである。（図4参照）

　同じく単税制度をとるイングランドのカウンシルタックス（地方財産税）では、毎年の負担上昇率で平均7％、時に10％を超えることもある。1993年の導入以降、評価替えがなく（ウェールズは実施済）課税ベースが上昇しないためであるが、この上昇率は、インフレ率のほぼ3倍、賃金上昇率のほぼ2倍である。また、2005年度、同様の評価額の住宅（価格帯Dの住宅ケース）に住む住民の負担額は、ロンドン内の区で614 £、

図4 地方税率の状況―当該団体数（2007年）

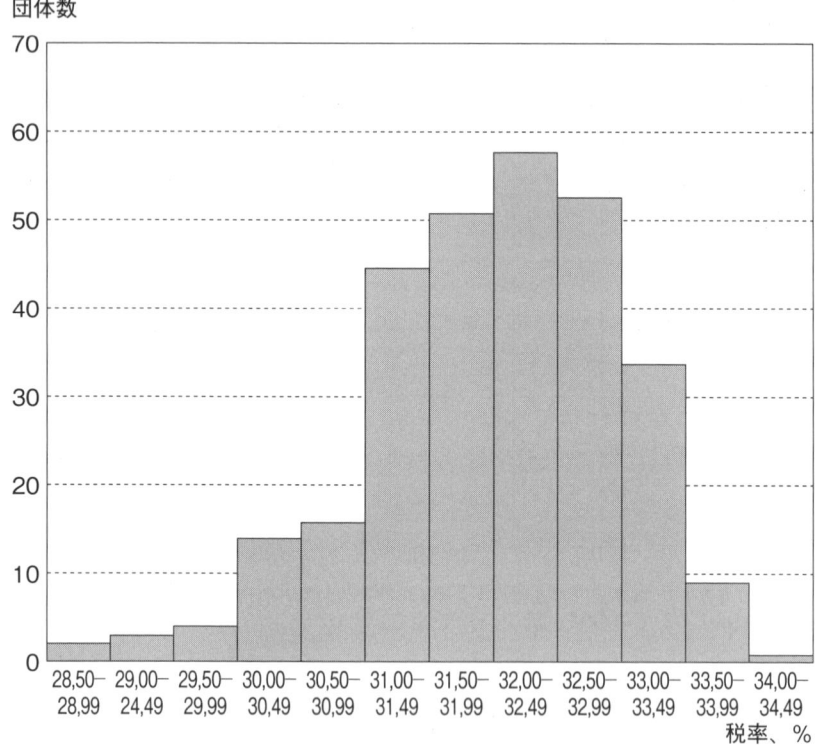

（出典） 図3に同。

非大都市圏の自治体で1428 £、ほぼ2.3倍の格差となっている。年度間格差、地域間格差で、スウェーデンと大きな違いである。

　コミューンの財政収入（2004年）のうち、税が64.2％、一般交付金が9.0％、特定補助金が4.3％、料金収入・手数料・賃貸料が9.6％。ランスティングの財政収入（2003年）のうち、税が70.0％、一般交付金が16.0％、特定補助金が1.7％、販売収入が8.3％。地方財政収入に占める地方税の割合は極めて高い。

スウェーデン（EU）の付加価値税（MOMS）

　周知のように、EUは税制統合を進めており、その主要なものの一つは付加価値税（一般的消費税）である。この税制は、日本の消費税のベースとなったものであるが、インボイス方式（日本は帳簿方式）をとっていること、複数税率をもっていること（日本は単一税率）が主たる違いとなっている。

　EU指令では、税率15％以上の標準税率を設定し、5％以上の軽減税率を1つか2つ置くことができるとされており、また、靴修理や窓掃除など労働集約的な一部の仕事については、試験的に軽減税率を設定してもよいことになっている。なお、「ヨーロッパでは実施されている」と日本で紹介されることの多い、還付により実質的に負担がなくなる「ゼロ税率」の国内取引への採用は、還付される業者と前段階で課税される業者との不公平が生じることもあり、EUとしては基本的に認めていない。ほとんどの国で、ゼロ税率採用範囲は、新聞や雑誌など極めて限定的な利用となっている。

　ただし、イギリスやアイルランドでは、ゼロ税率の適用範囲が比較的広く、食料品、書籍、子供服・靴などに適用されている。イギリスの場合、1973年EEC加盟に伴い付加価値税導入となったが、その前の間接税である物品税制時代から食料品などに間接税をかけておらず、社会政策として機能していた。1990年には地方税に人頭税導入を実施したサッチャー政権でさえ、付加価値税のゼロ税率廃止には踏み切れなかったものである。

　スウェーデンの付加価値税は1990年以降、標準税率

が25％。他の北欧諸国は現在、デンマーク25％、フィンランド22％、EU非加盟国であるがノルウェーが25％、アイスランドが24.5％である。北欧の付加価値税率は概して高いといえるが、25％はEUの中でも最も高い税率である。スウェーデンの付加価値税の軽減税率は、12％と6％。ホテル宿泊、ソフトドリンクなどの飲料が12％。スポーツ施設の利用や入場料、バスや電車、飛行機、船などの交通料金、演劇入場料、書籍や新聞・雑誌が6％となっている。レストランの場合、そこで食べれば25％、テークアウェー（持ち帰り）の場合、12％（イギリスではゼロ税率）となる。また、NPOの会員向け雑誌や病院処方の薬のみゼロ税率となっている。(European Commission's Taxation and Customs Union HP参照)

スウェーデン式は、所得税と同じく、付加価値税についても基本的には標準税率で課税する方向で、社会政策は財政支出でということになっているといえるだろう。

6 比較してみた日本の生活税制

日本の所得税制度は、所得控除を多用し、家庭環境を家族内の問題として対応してきた。結婚した（配偶者控除）、子供ができた（扶養控除）、高校・大学に入った（特定扶養親族控除）、老親の面倒をみる（老人扶養親族控除、同居老親等加算）など、家庭内の個人的状況は、税金を負担しなくてよいということで対応する。それも限界税率に関わる所得控除で減税幅は年収に応じてというのが日本型である。さらに、配偶者や扶養者、住宅などの手当、給付については、勤務先企業が対応するケー

スが多い。結果として、税収は減り、今や世界でも極めて所得税負担の低い国となっている。

　一方、ヨーロッパの国々では、所得控除より税額控除、給付を採用するケースが多い。スウェーデンでは、労働者の手取り収入は、所得税の限界税率ばかりでなく、所得制限なしの児童給付や住宅給付など様々な社会給付によっている。たくさん集めてたくさんサービスをというスウェーデン型、あまり集めず家庭内の事柄は、企業に任せるか低所得者向け福祉と考える日本型。異なる点である。また、日本の地方交付税に相当する地方財政調整制度によって、地方所得税率にはほとんど違いはないことも見るべき点である。

　ただ、こうした豊富な地方税源を有しているが、それでも国、地方の税源配分割合は１対１になってはいない。とするならば、国税対地方税、１対１をめざす日本の地方分権改革においては、部分的に水平的財政調整機能をもつ制度検討の必要性もでてくるのではないか。そうでないと、「ふるさと」という懐かしい響きをもつ、制度的根拠の不明な情緒的改革プランに翻弄される可能性がある。

　日本の消費税については、インボイス方式を用いたEU型付加価値税の本格的導入をさておいて、帳簿方式のまま、年金財源としての消費税引き上げばかりが議論となる。「インボイス方式を導入すればよい税金である」との指摘も多い日本の消費税であるが、これが入っていなければ悪い税金なのである。

　日本は、ヨーロッパに位置しないしむろんEU加盟国でないからEU指令という「外圧」がない。しかし、かつては日本の内需拡大を要求し、近年は競争せよという「アメリカ指令」という外圧はある。アメリカ型グロー

バルスタンダード（ヨーロッパ型は異なるからそもそもグローバルとまとめられない）の呪縛からもうそろそろ脱却すべき時ではないか。バランスをとった政策が必要である。例え無駄でも公共事業をやって需要喚起すれば経済が活性化するわけではないし、競争すれば万事うまくいくわけでもない。見直しの時が来ている。

第2編
スウェーデンの行政サービス

1 スウェーデンの地方自治体

　スウェーデンの地方自治体は基本的に2層制をとっており、基礎自治体であり市町村に相当するコミューン（Kommun）は、教育、福祉を中心とした生活全体にわたる社会サービス供給を担当する。

　この規模は、人口76万人の首都Stockholmから、2,600人程のBjurholmまで様々であるが、そのほとんどは、5万人以下であり、約半数は1万5,000人を下回る。290団体のうち10万人を超えるコミューンは11で、基礎自治体の平均人口は3万1,000人ほどとなる。日本で合併が進み、3,000団体から2,000団体へ、1団体当り4万人規模から6万人規模へと増加していることに比べれば少ないといえるが、ヨーロッパ諸国の中ではこれでも少ない方ではない。イギリス、アイルランドが10万人を超えていることを除けば概して小さく、フランス、ドイツのように平均数千人単位のところのほうがむしろ多い。

　スウェーデンの自治体は、おもに教区の境界によって分かれ、地方自治令成立当時の1862年、市町村レベル自治体は合わせて2,498、この時作られた県レベルの広域自治体が25あった。その後、市町村合併の実施により、1952年にコミューンは平均1,500人から29,000人へ、最低でも3,000人の人口をもつようになった。この

改革で、市町村レベル自治体は1,037となり、62年から74年に自治体再編はさらに進められ、1977年に277団体となった。都市部への人口集中と小規模自治体の行財政上の能力、いわば分権の受け皿としての自治体の能力が、再編を進めることとなった大きな要因である。民主主義の視点からの批判もあり、いくつかの自治体の分割の後、2005年現在、290団体となっている。

　また、広域レベルには、自治体として県議会に相当するランスティング（Landsting）が置かれ、主に医療・衛生サービス供給を担当している。人口規模は、Stockholmの185万人からJämtlandの13万人までである。全部で20団体あるが、このうち12のランスティングは20万から30万人ほどの人口となっている。バルティック海の島であるGotlandは、合併でコミューンが1つになったためランスティングのないコミューンとなっている。

　近年、広域自治体レベルでも合併の動きがあり、Malmöを中心とする南部のSkåneとGöteborgを中心とする西部のVästra Götalandがそれぞれ誕生し、1999年に、ランスティングは23から20団体に減っている。この2つの広域自治体は、レギオン（Region）と呼ばれ、ランスティングとしての機能を高め、元来、国の事務である地域発展計画に関わる地域経済や交通計画などの責任などを担当する責任をもっている。

　一方、国（中央政府）の広域行政単位レーン（Län）があり、通常、広域自治体のランスティングと同じ管轄区域をもっていることがスウェーデンの特徴である。ここを管轄する国の機関レーン府（Länsstyrelse）は、地域の発展計画、環境政策を進める一方、運転免許など国の許認可事務を行っている。ここの委員会議長である長

官とともに、2003年以降は他の委員も政府任命（以前は自治体の任命）となっている。レーンの合併が行われると、ランスティング合併も行われており、中央と地方の協力体制の確保もその主要な役割である。ランスティングのないGotland島のレーンを含め、レーンの数はランスティング数より1つ多い21ということになる。

また、広域連合会議（Regionförbundet）を置いている地域もある。パイロットプログラムとして始められ、コミューンの範囲を越え、ランスティングとともに広域レベルでの対応が必要となる社会生活、地域経済の発展について議論する場となっている。コミューン、ランスティングの議員により間接的に選ばれる議員から構成される。事務局のメンバーも含め、コミューン、ランスティング、国の資金によって運営され、やや位置づけのあいまいなところもある。課税権はない。レーンの主要な役割でもあった地域発展の責任を受け継いでおり、この制度導入は、レーンの役割をより国の地方機関のしごとに特化していく可能性がある。

❷ コミューンとランスティングの関係（市町村―県関係）

スウェーデンの県、市町村関係は、上下関係ではない。そもそも、コミューンとランスティングの関係を、県、市町村関係のイメージで捉えると不正確である。事務配分は法律で明確に分かれており、基本的に財政的関係もなく、ランスティングにコミューンを監督する権限もない。あくまで、それぞれの自治体の存在は、サービスに応じたものであり、ランスティングは、コミューン規模より大きな人口規模を必要とする衛生・医療のよう

図5　コミューン支出の内訳（2005年、単位％）

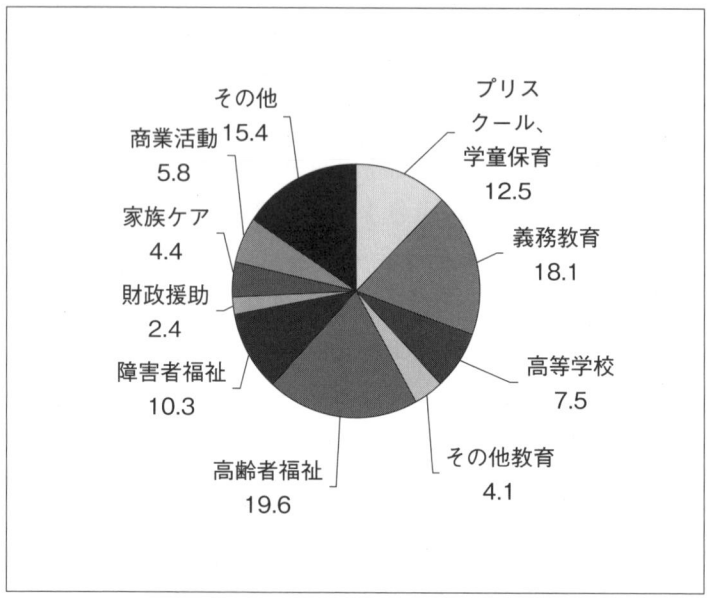

（出典）　*The Economy Report*, SALAR, 2006

図6　ランスティング支出の内訳（2005年、単位％）

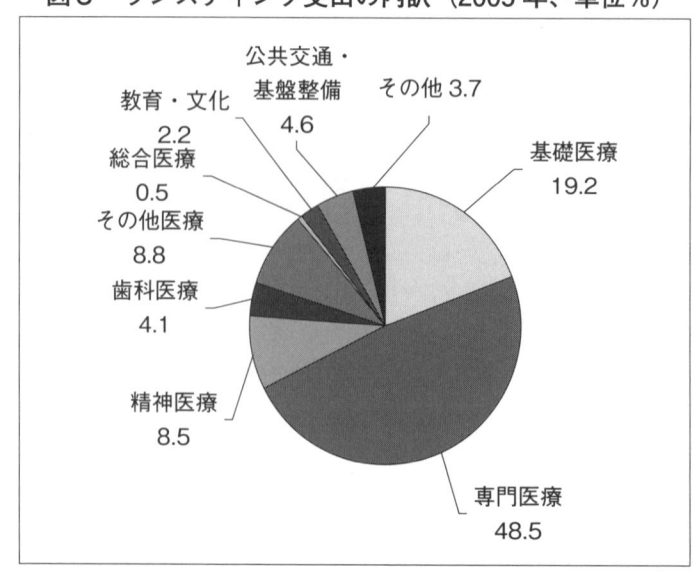

（出典）　図5　に同じ。

なサービスを供給するためにある。結果として、より大きな面積を管轄することになるが、その立場は同格とされている。

　ランスティング・レベルには、公選の議会があり、所得税を徴収し、主に公衆衛生や公共交通に責任を負っている。農村地域を含み全国に存在するコミューンにも、公選の議会があり、所得税を中心とする資金で学校、幼児や高齢者福祉、公益事業、住宅供給、文化・娯楽等の公共サービスを運営している。レーン府は、監督機能はもつものの、総括的地域発展計画がその主な仕事である。また、一部事務組合や広域連合のような組織を作ることにより、広域行政に対応することも可能である。

　2006年、443.5万人の勤労者のうち、84.6万人がコミューン、26.9万人がランスティング、24.4万人が中央政府で働いており、のこり307.6万人が民間企業に勤めている。実に、仕事を持つ者の3割、総人口の15％が公共部門で働いていることになる。大雑把に言って2割がコミューン、ランスティングと中央政府が5％ずつということになろうか。コミューンで働く多くの人が教育福祉に従事し、その多くは女性である。そのため、性質別でみた人件費比率が高く、コミューンで57.2％、ランスティングで49.9％を占める。

　目的別に見た場合、コミューンでは、教育と衛生・社会サービスで財政支出の4分の3を占めている。また、ランスティングでは、健康維持・医療サービスが、財政支出のほとんど9割を占めている。なお、コミューンの財政規模は2005年、4億1,000万クローナ、ランスティングは1億9,800万クローナであり、自治体財源の約7割は地方税収である。

③ コミューンとランスティングの公共サービス供給

(1) コミューン・サービス

　学校教育は、スウェーデンのコミューンの最も重要な機能の一つである。2003年度、公立学校は、178万人の生徒、学生を擁している。コミューンは、6歳の小学校入学直前クラス、7歳から16歳までの義務教育、義務教育修了生の9割が入学する高等学校、成人学校や移民向けスウェーデン語プログラム、青少年向けあるいは知的障害者向け教育プログラムなどに責任を負っている。国に承認された義務教育、高等学校レベルの私立学校を含み、大学に入るまでのあらゆる教育が含まれるといえる。こうしたところに、コミューンの補助が与えられる。

　児童福祉、プリスクールは、過去40年の間に、大きく成長してきたコミューンの仕事であり、両親が働いているか学校に通っている1歳児からサービス供給が始まる。学校入学前の幼児には、プリスクールや家族デイ・ケア・センター、オープン・プリスクールのサービスが供給される。小学校に入っても、放課後の時間を過ごす施設を設けている。2002年に、1歳から12歳まで73万児童がこうしたサービスを受けている。しかし、近年は、コミューンの直営でなく、補助を受けた民間の施設も増えてきている。

　高齢者福祉も、大きな位置を占めているものの一つである。高齢者が、希望をもち、プライバシーを守り、自力で安心して過ごせることがその目標とされる。この分野には、高齢者住宅や退職者ホームの供給の他、各住居

やアパートに食事やホーム・ヘルプのサービスを供給する。また、タクシー利用への補助やデイ・ケア・センターの運営などを行う。医療の分野でも、老人医療については、県から事務を引き継いでおり、老人介護関係はすべてコミューンの事務となっている。

(2) ランスティング（県議会レベル）

ランスティングの主要な機能は、医療サービスである。若干の私立病院を除き、病院はランスティングの保有である。

ランスティングは、病院での医療・看護（二次的ケア）、地域健康センターでの外来患者への医療（一次的ケア）の責任を負っている。外来医療システムには、産科や小児科もある。また、歯科、精神科に関する医療にも責任を負っている。

一方、広域的公共交通システムは、一部事務組合方式や、県、市町村レベルの共同保有会社で運営されることもある。

大都市の交通対策

(1) 国連統計にみる大都市東京

東京の人口は約1,250万人。その内、23区部分が3分の2の約840万人、23区外が3分の1、約410万人である。行政区域内人口としてはこういうことになるが、国連統計による世界の都市人口見積り2003年版では、2000年に3,445万人となっている。これは、人口集中地域の人口、圏域としての都市を表しているためで、行政区域を超えたものとして表されているためである。

この大都市地域の人口でみると、東京は1950年（昭和25年）に、1,128万人であったものが、55年にニューヨークを超え初めて世界最大の人口を抱える都市となり、1975年まで各5年間で300万人前後増加し、1975年に2,662万人へ。そして1985年以降3,000万人を超えている。

　表8のように、1950年には、10大都市の圏内に、ニューヨーク、ロンドン、パリ、ラインルール北（ドイツ）、シカゴが入り、その後ロサンゼルスや大阪・神戸が入っていたが、2000年には、アメリカの2都市のみで（2005年にロサンゼルスは12位となる見込み）、ヨーロッパの3都市は20位以下となっている。半世紀の間に東京は圏域を広げ、人口は3.06倍もの大きさになったのである。

　スウェーデンの場合、車や列車に乗るとよく分かるが、都市部でも、町らしい雰囲気の人口集中地域を一歩出ると、突然、「田舎」となり、草原であり、森であり、湖である。この状況は、他のヨーロッパ諸国にも見られる傾向である。日本の場合、東京はもちろん、他の大都市でも家々が行政区域を越えて延々と続いていることがよくある。結果として、東京・横浜を合わせたり、東京圏としたりして、生活圏としての東京を考えると、2,000万人、3,000万人となり、世界第1位の人口規模の都市（圏）となるのである。

　2015年予測では、東京の人口の伸びは鈍化するものの今なお増加して、3,621万人。10位以内にいるのはニューヨークのみとなる。回りは、人口爆発が問題とされている国々ばかりとなる。そのニューヨークも2000年の3位から6位へと落ちる。この後15年間で150万人以上増加する都市はそのニューヨークと東京のみとな

表8 世界の10大都市（圏）（人口規模）

順位	1950年	1960年	1970年	1980年	1990年	2000年	2015年予測
1	ニューヨーク	東京	東京	東京	東京	東京	東京
2	東京	ニューヨーク	ニューヨーク	ニューヨーク	ニューヨーク	メキシコシティ	ムンバイ（ボンベイ）
3	ロンドン	上海	上海	メキシコシティ	メキシコシティ	ニューヨーク	デリー
4	パリ	ロンドン	大阪・神戸	サンパウロ	サンパウロ	サンパウロ	メキシコシティ
5	モスクワ	パリ	メキシコシティ	上海	上海	ムンバイ（ボンベイ）	サンパウロ
6	上海	ブエノスアイレス	ブエノスアイレス	大阪・神戸	ムンバイ（ボンベイ）	カルカッタ	ニューヨーク
7	ラインルール北	ロサンゼルス	パリ	ブエノスアイレス	ブエノスアイレス	上海	ダッカ
8	ブエノスアイレス	ラインルール北	ロサンゼルス	ロサンゼルス	大阪・神戸	ブエノスアイレス	ジャカルタ
9	シカゴ	北京	北京	カルカッタ	カルカッタ	デリー	ラゴス
10	カルカッタ	大阪・神戸	サンパウロ	北京	ロサンゼルス	ロサンゼルス	カルカッタ

(出典) *World Urbanization Prospects*, The 2003 Revision, UN より作成

る。1970年には4位になったこともある大阪・神戸も2000年に11位、1,117万人であるが、この後2015年まで人口はほとんど変化なく18位に下がる見込みとされている。

　日本では、少子・高齢化という今日的な先進国型「人口問題」が最大の問題とされ、年金、医療のコスト問題がクローズアップされている。しかし、一方では、人口爆発という古典的な「人口問題」をもつ国々と同様の都市問題も抱えていることにあまり多くの注目が払われていない。景気と地価の上昇を反映して23区人口が頭打ち、空洞化が起き、バブル崩壊後は都心回帰現象も若干生じているようであるが、国全体の総人口はマイナスになろうとしている現在、この増加傾向には変化がないようにみえる。その要因は、簡単に減らせそうもない。

　日本の都市人口の水準からみると、政令指定都市の小さい方くらいに相当するストックホルム（Stockholm）、中核市レベルのヨーテボリ（Göteborg）を例に、スウェーデンにおける都市問題への取り組みについてとりあげてみたい。すでにこのレベルの都市でもやっているのかとみるか、この都市レベルだからできると解釈せざるをえないのであろうか。

　かつて、ジュネーブ大学のPoul Bairoch教授が、人口増に伴う都市問題を研究し、環境面を重視すれば人口10万くらいからせいぜい50万くらいまでの水準、娯楽や経済面を重視しても100万人くらいまでが住みよい都市の規模であるとの報告をしていた。路面電車の需要は50万人規模から、地下鉄は100万人規模からという調査結果もあり、ヨーテボリは前者、ストックホルムが後者に相当するようである。

(2) ストックホルムの混雑税

　ストックホルムでは、2007年8月より新しい交通課税が導入されている。すでに、2006年1月から7月まで、中心市街地への流入車両への混雑税（trängselskatt）実験を行い課金が実施されているが、これを本格導入するものである。これは、イギリスのロンドンですでに導入されているような、いわば自動車入市税型の環境税である。ロンドンは中心部12km^{2}の範囲、当初5£で導入され、現在8£に引き上げられている。日本では、東京都税制調査会において、2000年11月に大型ディーゼル車高速道路利用税導入が提案されている。（継続検討課題として昼間流入人口等への課税も提示されている。）ここでは、混雑税実験について紹介してみたい。

　平日の朝6時半から夕方6時29分まで、市街地に入る道路18ポイントにカメラが取り付けられ、そこを通過した車の所有者は2週間以内に支払いを行わなくてはならない。中心部42km^{2}へ向う主要道路にはチェックのための機械、カメラが取り付けられ、料金所は設置されていない。

　料金は、表9のように、時間帯ごとに10、15、20krに決められ、1日の負担額は最高でも60krに抑えられる。一番簡便な支払い方法は、ETCのような車載の機械を付けての口座引き落としであり、この機械は無料貸与であった。その他、銀行、インターネットバンク、セブンイレブン、プレスビーロンというキヨスクで支払うことができる。遅滞の場合、督促状が来て、70kr、さらに遅い場合500krの延滞料金が発生する。免税となるのは、バス、タクシーなどの他、個人の車としては、電気、ガスなどを燃料とする環境対策車、障害者駐車許可

表9 時間帯と税額

時間帯	金額（SEK）
6.30-6.59	10 kr
7.00-7.29	15 kr
7.30-8.29	20 kr
8.30-8.59	15 kr
9.00-15.29	10 kr
15.30-15.59	15 kr
16.00-17.29	20 kr
17.30-17.59	15 kr
18.00-18.29	10 kr
18.30-06.29	0 kr

（注 1日の最高額は60kr）
出 典 Stockholmsförsöket（Sweden）ホームページより。
1SEK≒15円

ステッカーをもつ人々の車である。

その他、例外としては、高速道路（無料）のE4、E20によってストックホルムを通過する車両、あるいは市内のチェックポイントを通過しないとストックホルムを抜けることのできない島からの車は、30分以内に他のチェックポイントから出て行けば、課税されない。ストックホルムは、水路で囲まれた数々の島からなる都市であるため、島を繋ぐ橋の近くにチェックポイントを作りやすい一方、抜けられないところがでてくるのである。

自動車の私的利用を減らし公共交通機関の利用やパーク・アンド・ライドを推進することにより、環境浄化、混雑緩和、それに伴う経済的利益が期待された。ラッシュアワーに出入りする30万台のうち、15％の減少があれば、45,000台の減少が期待された。

実験は2006年7月に終了し、この間10％から15％の交通量減少を目標数値としていたが、それを上回る20％から25％の減少効果、朝のラッシュでは33％、夕方のラッシュで50％改善されたことが報告されている。二酸化炭素や粒子放出など大気汚染物質の数値や渋滞についても大幅な減少が報告されている。また、バス、トラック、タクシーなどドライバーの労働環境が改善され、その身体的負担は10％程度改善したとされている。公共交通機関の利用も4.5％程度増加したとみられる。混雑税導入実験のための費用は38億krかかり、テスト期間に4億krの税収入、これは予想よりかなり

少ないものであったようであるが、それだけの通行を減らす方向で改善がみられたということであろう。なお、ストックホルム市内の車が42％であった。

ストックホルム住民からは、実験開始前には批判的意見も多く聞かれたが（69％反対、23％賛成、1995年12月のSIFOの世論調査）、環境改善との評価が報道されると、実験中の昨年5月の世論調査（インタビュー方式で1,000人、SIFO）では、混雑税の継続について、62％が賛成、30％が反対に投票、8％が未定としている。18から29歳のストックホルム住民の70％、支持者別では、社民・左翼党・緑の党の支持者の79％、保守系の支持者50％が支持している。

また、8月のSynovate Temoの調査では、賛成51％、反対40％、賛成と反対の数値が再び近づいてはいるが、まだ大きな差があった（『The Local』より）。

9月17日総選挙の際に、本格導入するか否かについて住民投票が実施され、賛成票が上回った。当初、ストックホルム住民のみの住民投票が予定されたが、周辺自治体住民から批判的意見が多く、ストックホルム市内への通勤者を多く抱える自治体でも（参考意見として）住民投票が実施されることとなった。スウェーデンでは地方税導入は国会の権限であり、地方所得税による単税制度の地方税を続けるべきとの意見が強く、国税としての導入とされた。

郊外自治体の投票結果（実際にも反対多数）を考慮しつつ国会の決定、ということになると、ストックホルムの住民投票のみが決定するものではなく、もともと政権交代した保守系政党が否定的であったこともあり、動向が注目されたが、結局、2007年8月から導入となった。また、本格導入においては、タクシーは課税となった

他、機械の利用をやめカメラで車のナンバーを直接読む方式にしたこと、これにより自動引き落としを使うかセブンイレブン、プレスビロンなどで支払うことになる。

(3) ヨーテボリの地上公共交通システム

　ストックホルムの公共交通は地下鉄中心であり、トラムの利用は一部に止まるが、ヨーテボリでは、人口規模が少ないこともあり、トラムを中心とする地上交通システムができている。

　ここでは、できる限り自動車と分離させていることが特徴である。あるところでは車は軌道内に入れるが、ここからは入れないというような標識が多く設置されている。ただ、いわゆる専用軌道というものではなく、バスは別となっており、多くの場所でトラムの軌道内へ入れることができ、トラムの軌道上をバスが走る。想像されるほど道が広いわけではなく、片側2車線の幅の通りでも、車とトラム専用が1線ずつということが一般的である。高速道路も同様、都市部周辺には専用レーンが設けられているところが多く、すいすい走るバス専用レーンの横では、平日の夕方や土曜、日曜日には一般車の渋滞も起きる。

　基本的に、中心部道路には、一般車は入りにくくなっており、この状況はお隣、ノルウェーのオスロも同様で、一部、片側1レーンのみの道路にトラムの線路が敷かれていて、車が入れないところもある。トラムの本数を増やして便利さで利用を増やし、軌道はバスと共用、トラムの敷けないところにバス便を、という交通体系になっている。このところ、バリアフリー対応の新車のトラムが運行され、公共交通は、より一層住民の足となりつつある。

在外研究で滞在したヨーテボリの景色から、どこかでみたようなという懐かしさを感じたのは、昭和30年代から40年代初めの東京のイメージであった。都電が山手線内を縦横無尽に走っていたが、自動車の普及とともに、廃止の道をたどってしまった。

　ビルの高層化、都電の廃止、首都高速道路や地下鉄の建設・拡張、歴史的建造物の取り壊しなど、戦後日本の都市政策は、東京を大きくしよう、収容力を拡大しようとの試みであった。大きくなってしまった都市の規模を今さらなかなか小さくはできないにしても、過大な都市として何が問題か評価しなおすことは必要だろう。

　路面電車は、もともと高齢者や子供に優しい乗り物であった。混雑緩和のため、郊外電車の連結車両が増え長くなるということは、ホームでの移動距離が増えたということ。地下鉄中心への道は、コスト増ばかりでなくバリアフリーから遠ざかる過程であった。

　都市問題は一方に過疎問題、農村問題を生み出す。オフィス専用の街を作らない、ライトレールの検討、パーク・アンド・ライド等の議論の優先順位を上げていくべきであろう。少なくとも規模は大きくしないとの観点からの見直しや、住民サービスにあった基礎自治体の適正規模、また近隣政府論にも耳を傾けるべきであろう。少子・高齢社会に向け、人間にやさしいまちづくりとシステムの再構築がもとめられる。

　おもに税負担が低いことにより、今なお世界でも極めて低いガソリン価格（高いのミスプリントではない）やたばこ価格、世界でもまれな低い所得税・消費税負担の日本。少子・高齢社会に向け、人間にやさしいまちづくりとシステムの再構築に向け新たな議論が起こること

を期待したい。

参考　以下のホームページ
1　Vägverket（sweden）
2　Stockholmsförsöket（Sweden）
3　Sweden.se
4　「全国レベルに拡大する混雑税制度の導入に向けたパイロット事業（英）」『マンスリー・トピック、2005.12、CLAIR ロンドン事務所』

第3編　生活実感・住んでみて編

1　北欧スウェーデンのヨーテボリ

　Göteborgは日本語表記ではヨーテボリ、イエテボリ、スウェーデン人の発音ではイエーテボーイに似た感じであるが、むろんネイティブの人々ばかりが住んでいるわけでもなく、Gを発音している人もいる。英語では、Gothenburg（ゴッテンバーグ）で、空港案内などではこれが使われている。人口は50万人弱。国の総人口900万人の5％に当たり、スウェーデン第2の都市である。人口1億2,000万人の日本でみれば、5％は600万人に当たるから、人口360万人ほどの横浜市より国内的

ヨーテボリ案内図

43

ワインレッドのスウェーデン住宅

位置づけとしては大きいといえるかもしれない。スウェーデンの総人口は、神奈川県や大阪府（それぞれ900万人弱）よりやや多い程度である。

　国の南西部の港町で、北欧その他のヨーロッパの都市との航路をもっており、地理的には、首都ストックホルムより、デンマークのコペンハーゲン、ノルウェーのオスロの方が近い。ボルボの本拠として知られる工業都市でもある。

　ボルボ、サーブなど自動車関係、エリクソンやエレクトロラックスなど電機関係など、スウェーデンの大企業の他、薬のアストロゼネカが施設を有している。

　スウェーデンのなかでもヨーテボリ市行政や再開発について調査、研究をされたものとして、伊藤和良氏の『スウェーデンの分権社会』（2000年、新評論）、『スウェーデンの修復型まちづくり』（2003年、新評論）がある。および、ニューズウィーク日本版2005年8月10/17号の中に、北欧デザインが育つ町として紹介され

ヨーテボリ大学前の並木道（ヴァーサプラッツェン）

ている。

② ID番号のある世界—パーソンナンバー（Personnummer＝ペションヌンメル）を取る

　スウェーデンに着いて、最初にすべきことは、住民登録である。かねてより、パーソンナンバー（スウェーデン語でペションヌンメル）がとれないとストレスフルな生活だと聞いていたので、早めに準備する必要があった。基本的には、1年のビザがあると住民登録により、番号が取得できる。ここスウェーデンでは、住民登録をするのは地元の税務署（Skatteverket）においてである。ここで、書類に記入して提出する。

　ずいぶん速いと驚かれたが、申請から1週間ほどで新しく決まった10桁の番号が記載された手紙が家族全員にくる。その後、IDカードが必要な場合は、写真屋さ

第3編　生活実感・住んでみて編

45

んでID申請用になぜか正面からではなく斜め前から写してもらい、これをつけて銀行に申請。2週間ほどしてカードができたことを知らせる手紙が来て、その銀行に受け取りにいく。キャッシュカードと同じ大きさで、比較的大きな写真と自分のサインの入ったカードには、申請した銀行名も明示されている。ここに、カード番号（Kortnummer）の他、西暦の生年月日にハイフンがついて4桁の番号が記載されている。19＊＊＊＊＊＊-＊＊＊＊。このうち、19を除いて西暦の10の位からの年月日6桁と個人の番号4桁、合わせて10桁（＊の部分）がパーソンナンバーである。

　IDカードは作らなくてもよいようであるが、銀行口座の開設、車など高い金額のものの購入、場合によっては普段お店でクレジットカードを使用する時にも、IDカードかパスポート提示を求められることもある。その他、国内大型郵便物や日本からのSAL便などを郵便局やスーパーで受け取る際にも利用する。航空便は自宅ま

住民登録をする税務署

で運んでくれるが、日本からのSAL便は、局留めである。そして、病院では、健康保険証としての本人確認カードということになる。

　本人確認のカードとしては、写真、サインが入った上、偽造防止策が施されており、日本の健康保険証や運転免許証、クレジットカードより確実で、小さなパスポートといえる。要は、これがないとたいへん不便ということになる。スウェーデンの背番号は、納税者番号として公共部門での利用に使途が限定されている日本での議論と違い、かなり包括的に、番号による本人確認手段として、民間部門でも利用されていることが特徴である。

　我々外国からの一時滞在者でなく、スウェーデン人やスウェーデンで収入を得ている人にとって、パーソンナンバーのもう一つの大きな意味は、もちろん納税者番号として使われていることである。日本では、1980年代にマル優制度を前提に金融機関での本人確認を明確化するグリーンカード制が実現せず、近年でも、納税者番号制案が出るたびに、プライバシー、国民総背番号制に繋がるとの議論からうまく進まなかった経緯がある。与党側、野党側、両方から批判を浴びていたわけであるが、住基ネットが動き出した現在、納税者番号があることによって受けるデメリットは、むしろ真面目に納税していない人々の方に大きくなって来ている。負担増の必要性を考えれば、あるべきプライバシーに配慮しつつ、収入、財産はガラス張りにしていく必要があるだろう。最近の報道では、郵貯の限度額を超えて貯蓄をしている者も200万人以上、超過分だけで数兆円規模に達するとの報告もあった。公的な利用ばかりでなく、民間でも利用されている番号制により、こうしたことは防げることになるであろう。

これまで税金が高いことを語るスウェーデン人にあまり出会ったことがない。払ったものは戻ってくる。そういう人が多い。日本であれば、職業、年齢を問わず、ひとしきりこの話題で語る人を探すのは至極容易なことである。時には、収入を得ておらず、消費税負担のみの未成年者でさえも。

　政府への信頼が全く違うという人もいる。確かにそれは大きいだろう。ただ、その信頼を基礎付ける一つの制度がパーソンナンバーとなっているように感じられる。現地の人に、ID取れてよかったね、といわれる度に、この制度への関心とこの国の文化、習慣への関心も高まるのである。

③ 晩秋の過ごし方

　暗い。北欧は緯度が高いため、夏に日が長い代わりに冬の日は短い。とくに、冬至を前にした11月はつらいといわれる。11月がとくに暗く感じられるのは、まだ雪は降らず雪の明るさがないためともいわれているが、その他、サマータイムの終わりとランプの文化もその要因と思われる。

　時計の針を1時間進めるサマータイムは結構長く、3月の終わりから10月の末まで、1年の半分以上、ほぼ7ヶ月間採用されており、10月の末の日曜日、夜中の3時に2時に戻すということで終了する。

　翌日時計の針を元に戻すと、少し得した気分になる。子供の小学校に間に合わせるため、我が家では6時半が起床時間である。昨日まで6時半とされていた時間が5時半になるわけで、もう1時間よけいに朝寝ができると

11月の商店街

いうことになる。ただ10月の最終日曜日の朝、修正されるので、実際にはこの恩恵を受けるのは平日ではない。また、その後、秋休みが1週間あるためこの間調整され、朝起きるのが辛いのは、相変わらずのようである。自分でヨーロッパ夏時間設定にしてあったためではあるが、コンピューターの時計は自動的に1時間戻していた。

　サマータイムの最後のあたりでは、朝8時くらいでもまだ暗い一方、夕方は比較的明るいという状況であったのだが、1時間戻したおかげで、朝早くに明るくなったものの、夕方急に暗さを感じる。また、真昼でも日は斜めから射し、常に午後3時の感じで目に入るため、車の運転はかなり眩しい。

　日本でもサマータイムの採用が議論されることがあるが、この地にいても環境という点でその効果は明らかではない。1年間のうち7ヶ月に採用されているところや緯度の高い国々以外でも採用しているところからも、そ

12月の遊園地は大人の散歩の時間。でも少し寒い（写真は午後4時、暗くて-5度）。

の効果は夕方から夜の時間を楽しむことであり、実質的なものは疑問である。ただ、この国のように、夏になったら（夏時間の）4時頃からラッシュアワーが始まり、豊かな自然があれば、仕事の後で家族そろって湖へ（水泳や水浴びなど）などということになって、十分な意義があると思わせる。

　また、日の長い夏の間はあまり気づかないことであるが、概してリビングの照明は暗めである。家具付きで借りた我がアパートも同様で、この時期、大型家具店のIKEAなどでランプが多く見られるようになる。窓際の出窓などにランプが置かれている家庭が多く、外から見ると大変きれいである。また、日本ではあまり見ないものとして、1年を通して背の低いものを中心にろうそくがよく売られているのを目にするが、この時期、特価品のろうそくは100個で17クローナ、（当時）250円くらいで販売され、ろうそくたてとともに多くの店に並べられている。部屋の雰囲気を大事にするようであり、北欧という立地が生んだ感覚といえるだろう。

各家庭の窓辺に置くランプ

　同様に、この時期、日本より1ヶ月ほど早くクリスマスムードが高まり、スーパーでも多くのスペースをとって関連商品の販売が始まり、近くのお城では手作りのクリスマス用品が販売される。町にはクリスマスムードで照明を伴った飾りつけ、各家庭ではランプで盛り上げるのは、冬至を前にした11月の過ごし方といえよう。

④ 自動車のまち

　ヨーテボリも、近年、地球温暖化の例外ではなく、2005年の10月、11月は例年に比べ特に暖かい毎日ということであった。しかし、冬の訪れは突然やってきた。10月中は日中15度近く、最低気温も10度近くを維持していたが、11月に入っても、ほとんど昼夜の気温差がなく10度前後。感覚的にはそこそこ暖かく、東京とあまり変わらないのではと思っていたが、11月も半ばに

入って0度から2〜3度、夜間は氷点下という状況である。

　住宅の断熱性が良く、家の中はパネルのヒーターのみで1日中22度を維持しているが、表に出ると冬本番であり、朝、車の窓は凍結している。

　スウェーデンでは、スパイクタイヤの使用が認められている。12月から3月までは冬タイヤが義務とされており、年2回、タイヤ交換をした。寒い国でありながらVOLVOやSAABを含めAWD（4WD）車が多いようには見えないが、とくにそうしなくても、スパイクを履くとアイスバーンでは威力を発揮するという。日本で利用が認められていた頃、使ったことがなかったので、初めての経験である。道路の損傷や粉塵公害を考えると何か申し訳ないような気持ちで走り出したスパイクタイヤであったが、乾いた道ではゴリゴリと乗り心地は悪く、制動距離も伸びるような気がする。凍結路面では確かにいいのだろうが、朝の凍結路でも今のところ、街中を走

雪のヨーテボリ、外気温は-10度。でも室内は常に20度以上に保たれている。2005-6年の冬は雪が特に多かった。

る車の平均速度に変化があるようには見られず、心配ではある。

　ただ、凍結路はともかく、一般に、運転マナーはかなりよいといっていいだろう。車線変更をしようとサインを出すと（右側通行なので追い越し車線は左である）、必ず道を空けてくれる。すぐ左を並んで走る車の後へ車線変更しようとウインカーを出して減速したら、その車も一緒に減速してくれてかえって入りにくくなってしまったこともあったほどだ。二車線が一車線に合流するところでは、全くみごとに譲り合っている。日本のように、ウインカーを出してもなかなか車線変更できないという経験はほとんどない。まあ、車の量が違うのだが。

　町の中心部には駐車場が配置され、そうでなくとも道路の多くはお金さえ払えば駐車できるスペースがある。パーキングメーターではなく、切符を購入、前に置いておくか、後払いかである。１時間10クローナ（160円）か20クローナ（320円）のところが多いが、夕方５時か６時くらいからは２クローナなどと安くなる。ストックホルムでは夕方から無料となるところも数多い。

　都市間交通はほとんどが無料の高速道路であり、最高速度は110キロのところが多い。無料のため、Motetというインターチェンジはいくつもあり、間違えてもすぐに戻ってこられる。ヨーロッパの多くの国でも同様と思われるが、ここは特にマニュアル車が多い。実際、車の購入、レンタカー利用でも、オートマチック車を探すのは困難であり、値段も高い。信号で止まったり走ったりを繰り返すのではないため、マニュアルでも疲れを感じることもなく、燃費が良いので助かっている。

　ガソリンは2005年の秋、１リッター、約11クローナ（約165円）。かなり高いようであるが、北欧の中ではむ

53

クレジットカード専用セルフのガソリンスタンド

しろ安い方である。北海油田があるため西欧最大の産油国となっているノルウェーでも概してスウェーデンより高い。日本のガソリンは、税が低いため、世界的にみると、北欧と比べなくともかなり安い部類に属する。ヨーロッパの国々は概して高いため、最近のOECD統計でみて、日本は29か国中、低い方から9番目。さらに安い国はアメリカ、カナダ、オーストラリアなど面積的にも大きく、産油国や埋蔵量の多い国だったりする。むろん、道路特定財源などという発想はない。ガソリン価格より、日本における都市部への人口集中や高い高速道路料金の方が問題が大きいと思われる。

⑤ 新品の価値よりつかう価値

　北欧のスウェーデンと極東の日本。最も異なる点を一つあげるなら、ものをつかう価値を大事にしていること

である。

　アパートを借りたところは、比較的まちの中心部に近く、バスだけでなくトラムの停留所も近くにあるため、車を購入する必要はないとも思ったが、まちを離れた場合、あるいは他の都市へ行く場合のこともあり、ぜいたくとは思いつつ、車を購入した。

　安い中古車を買おうと思って出かけたカーディーラーであったが、まずはびっくりさせられたことがある。お店の内外に並べられた車フロントガラスのところに、1998年、1995年モデルなど比較的時間がたっている割には、走行距離は10,000マイル、26,000マイルなどと表示してある。あまり乗っていない車が多いようである。小型車の価格は10万クローナ位で、もう少し安い方がと思いつつ、車探しは比較的簡単かと思い始めた矢先、おかしいことに気がついた。見た目があまり新しそうではないのである。

　また、この国は、アメリカと違い、日本と同様の単位を用いているものが多い。温度は華氏ではなく摂氏℃、重さはポンドではなくキログラム。ガソリンもガロンではなくリットル。長さは、メートル、センチ、もっと長くなればキロメートル……のはずである。どうもおかしい。よくよくみると、mileではなくmilであった。略したのではない。スウェーデン語でミルは10キロメートル、ということは、この価格帯あたりではどれも走行距離10万キロを超えるものばかりではないか。この時、中古でいいからボルボに一生に一度は乗ってみたいという甘い夢は消え去ったのである。メカニックに強くないので、あまり古い車はと思うと、予算を大幅にオーバーする。今回の在外研究のため、日本で5年、3万キロ弱で惜しくも手放した車と同じ車が、1.5倍くらいの値段。

売値と買値は違うので店の利益を考えてほぼ同じ値段と考えても、10万キロ走行ということになる。1,000CCクラスの日本車希望に切り替えたが、それでも予算オーバーとなった。とにかく、中古価格が落ちない。20年くらい乗った車でもそれなりに結構な値段がついている。しかも、これは車だけに限らない。

　スウェーデンに研究のため出かけた先輩の先生方の多くに受けたアドバイスの一つが、「家探しが大変」ということであった。1年前から準備した人もいるそうである。ヨーテボリ大学に決まったのが1ヶ月前であったため、無理な話である。前に、1ヶ月ほど間借りしたストックホルムの家の家主さんは、「買えば。帰るときに売れば上がる」とのこと。こちらの人は、若いうちからローンを組んで家を買う人もいるという。外国人であり、一時滞在の身分には無理な話ではあるが、借りるところがなかったらと一瞬興味をもってしまった。

　この点はなんとかなってアパートを借りることはできたが、安いとはいえない。それでも、相場ということでとくに高く借りてしまったということではないようである。住宅探しが困難なことはこちらでもよくいわれている。新聞によれば、住宅価格や賃貸価格もかなり上がっている。セカンドレント、部屋の又貸しもでき、借りているアパートの住人同士で部屋の交換をしようとの張り紙も掲示板にあったりする。

　わがアパートは、築100年ほどではないかということである。

　近所の不動産屋さんや銀行の窓には、売り物件のアパートの部屋や戸建住宅の案内が掲示されているが、20世紀前半の物件も多く、いつできたか不明な物件もある。20年もすると価値がほとんどなくなるという日本

の住宅とは大きな違いである。建設時期が原因でとくに安いということもない。かつて、在外研究でイギリスのバーミンガム大学に留学した友人の家探しに同行したことがあるが、その際も、不動産屋さんの言葉に「戦後の新しい物件」という表現があった。戦後とは第二次世界大戦後である。むろん、湾岸戦争でもベトナム戦争でもない。日本であれば、このあたりでも新しい物件とはいわれないであろうが。

　むろん、それなりに壊れたり故障したりはしている。アパートの正面玄関に向う中扉（共用廊下）は、ある時、ドアノブ（ハンドル）が抜けて穴が開いていた。外側に扉を開ける方式のエレベーターは、時々動かないことがある。下の階への水漏れもあった。すぐに業者が来ることもなく、修理の進行具合はまことにゆっくりのんびりであるが、その度になんとか修理されてきた。メンテナンスで住宅の価値も維持されているのである。手を入れて住宅の価値は高まり、人々はそれを評価する。

築100年くらいの我が家

供給が少ない、規制があって新しい開発現場が少ないとのこと。持ち家の住人が引っ越すため、売りに出すと大変多くの人が見に来るという。売り手市場といえるだろう。

　IKEA（イケア、アメリカではアイケア）という、スウェーデンを代表するホームセンターがある。日本でも、船橋のスキー場跡地や横浜の港北インター近くににオープンしたようである。店も駐車場もいつもものすごい混雑、組み立て式家具も多く売られているため、ワゴンに大きな買い物を載せ駐車場へ行く姿が印象的。VOLVOのV70が威力を発揮するところである。

　出来合いでなく、日曜大工（日常大工か）、自分でできることは自分でする文化がここにはある。作ったり、直したりすることに関心が高い。家の内外にも手を入れることで、居住性や価値を維持することができるのである。車についても、冬タイヤとノーマルタイヤの交換、オイル交換を自分で行う人が多い。多くのガソリンスタンドには、整備工場はついていない。スタンドは、もちろん、ほとんどがセルフ（給油）であるし、有人店舗がなくて、クレジットカードのみ利用可能なセルフの給油スタンドもある。そんなところでは、カードを持っていないドライバーに「現金100クローナ渡すからカードで払ってくれないか」と頼まれたりする。

　税金や新しい商品の価格が高いため、供給量がそう多くないため、中古価格が落ちないということもできる。スーパーの入口の掲示板には、車売ります、税金なしと書いてあったりする。少し安く興味はあったが、メカに弱い者には大冒険であるため、やめにした。

　日本では、消費税増は大問題となるが、付加価値税（消費税）が25％であるから即大変な国とはならない。

税金が高ければ、生活の見直しをしてそれなりに工夫をするのかもしれない。マニュアルの方が車の価格が安いから、そして燃費がいいからオートマチック車はあまり走っていない。このあたり、2007年の日本を含めた世界的原油価格高騰の中ではぜひとも紹介したい点である。

日本には景気対策のための減税と言う言葉があるが、これは、経済活性化のため、無駄使いをさせようというもの。通常の減税では、低所得者はもともとそれほど多くの税負担をしていないから、高額所得者ほどメリットがあるものである。必要なのはむしろ、増税による再分配、本当に必要な福祉的支出の増加ではないか。大事なことは、負担は大きくても本当に必要なものが得られているかどうかである。

日本とスウェーデンの共通点の一つに一人当たりGDPがほぼ同じということがある。2003年の数値で34,000ドル弱。主要182か国中9位（スウェーデン）と10位（日本）である。日本は、デフレの中でもアメリカに次ぐ世界第二の経済規模であるが、人口が多い分、一人あたりでは少なくなる。ノルウェーが49,000ドルで2位、デンマーク4位、アイスランド7位、フィンランド13位で、北欧の国々はいずれも3万ドルを超えている。なお、1位は5万ドルのルクセンブルグである。ものを壊してまた作ることで経済を維持してきた日本。新しいものが豊富に出て、選択肢も多いため、資産価値の下落幅も大きい。こうしたことにより、経済規模の大きさが水増しされて、生活の豊かさを正確に表していないのではないか。

最後に、愛煙家諸氏に。車も家もレストランもノースモーキング。価値が落ちないといっても、たばこを吸う

人のいた家や車は、価値が大幅に下落するようである。車の場合、ほとんどタダ同然となったこともあるという。価値の維持のためにも、禁煙は欠かせない。

⑥ 都市の人口規模

　国全体の人口は最近900万人に乗ったところであり、西欧の国々の中では比較的少ないほうである。しかし、面積は約45万km²。217万km²のデンマーク領グリーンランドを除けば、50万km²を超えるフランス、スペインに次いで大きい（EU加盟申請をしているトルコを加えれば4番目）。このあたりに37万km²の日本より大きい国は、実はそれほど多くはない。

　したがって、日本の1.2倍の面積の中に、東京23区内人口を若干上回る程度の人々が住んでいるということになる。山がほとんどないので、日本に比べれば可住地面積が多そうだが（日本はほぼ3分の1）、北部は厳寒地域である。

　スウェーデンの基礎自治体であり市町村に相当するコミューン（Kommun）の規模は、人口76万人の首都Stockholmから、人口2,600程のBjurholmまで様々であるが、そのほとんどは、5万人以下であり、約半数は1万5,000人を下回る。290団体のうち10万人を超えるコミューンは11である。また、広域自治体であり県に相当するランスティング（Landsting）の規模は、Stockholmの185万人からJämtlandの13万人までである。20団体のうち12のランスティングが20万から30万人ほどとなっている。

　基礎自治体の平均人口は3万1,000人ほどとなる。日

表10 ヨーロッパ諸国における地方自治体の規模（基礎自治体）2000年

	自治体の層	基礎自治体名称	基礎自治体数	平均人口（人）
北欧型				
スウェーデン	2（1）	Kommun	289	30,800
ノルウェー	2（1）	Kommun	435	10,300
デンマーク	2（1）	Kommun	275	19,200
フィンランド	1（2）	Kunta	448	11,600
アイスランド	1	Hreppur	124	2,200
英国型				
イギリス	1（2）	District,Borough,Unitary	429	137,000
アイルランド	1（2）	County,City	34	109,000
中部ヨーロッパ型				
ドイツ	2（1）	Gemeinde	14,511	5,600
オーストリア	1	Gemeinde	2,359	3,400
スイス	1	Gemeinde/Commune	2,899	2,600
ナポレオン型				
フランス	3（4）	Commune	36,664	1,600
オランダ	2	Gemeente	538	29,200
ベルギー	2	Gemeente/Commune	589	17,000
ルクセンブルク	1	commune	118	3,700
スペイン	2（3）	Municipo	8,101	4,800
ポルトガル	2	Municipo	305	32,000
イタリア	3（4）	commune	8,099	7,200
ギリシャ	2（3）	Koinotites,Demoi	1,033	11,200

（出典）Anders Lidström, *Kommunsystem i Europa*, Liber AB, 2003.
（注）自治体の層の内、カッコ内の数は、国の一部で採用。

本で合併が進み、3,000団体から2,000団体へ、1団体当り4万人規模から6万人規模へと増加していることに比べれば少ないといえるが、ヨーロッパの中では必ずしも少ない方ではない。ヨーロッパは、イギリス、アイルランドが10万人を超えていることを除けば概して小さく、数千人単位のところが多い。北欧の他の国々では、デンマークが2万人ほど、ノルウェー、フィンランドが

1万人ほどとなっている。住民サービスの拠点としての基礎自治体の規模は、小さいほうがきめ細かいサービスができるということであろう。コミューンの面積については、最大のKiruna、19,447km²から最小のSundbyberg、9km²まで多様であり、Kirunaは日本の岩手県を上回る大きさである。

　行政区域としての自治体人口規模は以上のようであり、日本と比べて小さいといっても、平均ではまあそこそこの違いとしか感じないかもしれないが、都市圏の規模としてみると、また異なってくる。車や列車で走るとよく分かるが、スウェーデンの場合、都市部でも、町らしい雰囲気の人口集中地域を一歩出ると、突然、「田舎」となり、草原であり、森であり、湖である。この状況は、他のヨーロッパ諸国にも見られる傾向である。日本の場合、東京はもちろん、他の大都市でも家々が行政区域を越えて延々と続いていることがよくある。世界の都市人口を示す統計資料でも、東京・横浜を合わせたり、東京圏としたりして、生活圏としての東京を考えると、2,000万人、3,000万人となり、世界第1位の人口規模の都市となる。かつてはパリやロンドンなど西欧の先進国と呼ばれる国の都市も上位に名を連ねていたが、今や人口の大きい都市のほとんどは最近発展してきた国であり、東京が取り残された形である。ベスト10に顔を出しそうなのはニューヨークとロサンゼルスくらいである。

　信号の数も車も人の数もそれほど多くないところでは、皆がストレスを感じる機会が少なく、運転しても歩いていても、心に余裕があるように思う。同様に、トラムやバスに乗ってもお年寄りやベビーカーへの配慮が感じられる。日本では、若者ばかりでなく、子供でも、塾

通いなど常に疲れていて、お年寄りに席を譲らないなどと問題にしたところで、それを教育問題だけとしていては子供がかわいそうとも思う。

　建物の高さ31メートル制限の撤廃による高層化、車優先による都電の廃止、首都高速道路や地下鉄の建設・拡張、歴史的建造物の取り壊しなど、戦後日本の都市政策は、東京を大きくしよう、収容力を拡大しようとの試みであった。基本的には、国の政策に問題があったといえるが、自治体レベルでも、革新系といわれた時代の知事も含めて、東京を小さくしようと、きめ細かい配慮をした知事、首長はそう多くはない。大きくなってしまった都市の規模を今さらなかなか小さくはできないにしても、基礎自治体の規模を小さくすることによって対応可能な部分もある。

　東京大生産技術研究所と国立感染症研究所の研究者のよる調査報告では、新型インフルエンザが出現した場合、満員電車での通勤が感染の広がりを速くし、患者数

トラムやバスの中にあるプリペイドカードパンチ機

も増やすとのシミュレーション結果があり、通勤電車の運行を停止すれば、感染者数が３割程度減るという（2006年１月11日東京夕刊）。スウェーデンでもむろんインフルエンザはあるが、満員電車が少ない分、すぐに休んでしまう分、問題は大きくならないだろう。

　改めて、過大都市の問題点と住みよい都市の規模について考えたい。

７ 子を産み育てやすいか

　子を産み育てやすいかという内閣府の調査結果が、2006年のゴールデンウィーク前に日本で報道された。

　報道によれば、子供を育てにくいのが日本と韓国。お金がかかるから、あるいは子育てが妻の仕事になっており、夫の参加が少ないから育てにくいとのことである。

　スウェーデンでは、税金で行われる児童手当に所得制限はない。保育所のいわゆる待機児童はなく、必要な保育は受けられる。また、子供が８歳になるまでに、ペアレンタル・リーブ（parental leave）という有給の育児休暇をとることができる。両親合わせて最長480日とることができ、そのうち390日分については賃金の８割が給付され、残りは最低保障額が給付される。すべてを片方の親（多くはお母さん）がとることはできず、最低60日分はもう一方の親（多くはお父さん）がとらなければその分の権利は失われる。そのせいか、０歳児保育の利用者は少ないようである。保険制度となっており、保険料は会社の負担。このあたりは、時々紹介されるところである。

　少子化が深刻な日本と韓国。両国に共通するのは、税

負担が世界でも最低レベルであること。そうなれば、日本と韓国で子育てにお金がかかる（自己負担）というのは、仕方のないことでもある。たくさん払ってたくさん戻るのがスウェーデン。あまり払わずあまり戻らないのが日本。

　労働時間が長い部類に入る韓国と日本。年間総労働時間でみると、スウェーデン、フランス、ドイツとは200時間以上も差があるようである。女性はパートタイマーが多いため、帰宅時間は早いようであるが、男性についても結構早い印象。夏になるととくにラッシュアワーが早めに来る。ピークは午後4時過ぎのように感じるが、この時間は日の長い北欧ではほとんど真昼の感覚。通勤時間も短く、夕方には子供たちと湖で遊ぶ家族が多く見受けられる。夏休みも長い。子供の誕生会が盛んだが、お父さんのがんばりはすばらしく、子供たちを楽しませるためゲームを主導したりする。IKEAの組み立て家具

労働者のリゾート、スロッツコーゲン（大規模公園、小さな動物園もあり孔雀やペンギンもいる）

に限らず、Do it your self、日本で言う「日曜大工」も盛んだ。男女問わず、生活時間に余裕があるように感じる。

　女性労働については、公共部門で働くものが多く、民間企業の上級管理職が少ない、パートタイム従事者が多く所得水準が男性より低い、など、時に英米の論者から指摘されることもあるが、一方で、女性大臣や女性議員の割合は高いし、パートタイム従事者の権利は保障されている。英米の路線と、スウェーデンの路線の違いは、女性が男性並みになることを目指すのか、男性が女性並みになることを目指すのかの違いのようである。

　スウェーデンを含め、ヨーロッパの都市には、石畳が多い。バリアフリーとして紹介されるが、車のついたものを転がしやすいかというとそうでもない。そのためか、乳母車のタイヤはしっかりとしていて太い。自転車と同様チューブがあって、空気入れの穴があったりする。お年寄りが街歩きに使う歩行器も同様、日本のものより大きくしっかりとしている。おなかが大きくても薄着で町を歩いていたり、湖で時間を過ごしているお母さんをよく見かける。日本人より背の高い人が多いこともあって、お母さんは堂々として元気で力強い印象。余裕さえ感じる。

　もう一つの感想。日本人がスウェーデンで、スウェーデン人が日本で、同じアンケートに応じたら、全くの想像であるが、数値にこれほどの差はでないのではないか。つまり、育てやすいという人の割合が、日本の数値は上がり、スウェーデンの数値は下がるのではと思う。この手のアンケートの比較は難しい。同じ人が答えているわけではない。文化、国民性、生活のしやすさや都市の規模も関係があるだろう。

保育所を増設はいいが、時間延長はできる限り避けたい。保育師さんが母親であれば、早く返してあげなくてはならない。できる限りお父さんかお母さんが時間内に迎えに来るべきだ。過大都市の問題と同様、みんなが疲れていてはお互いやさしくなれない。お父さんが家事を分担する、子育てに主体的に参加しやすい環境。休みを取りやすい環境をつくることだ。大人も子供も疲れさせてはいけない。

　そのためには、負担も必要だ。ただ、日本の税負担は、消費税が低いことばかり強調されすぎである。日本では所得格差が広がっているという。世界でも珍しい低い所得税負担（OECD30ヵ国中、GDP比の負担率は世界最低レベル）をなんとかしないと、そして累進課税の再構築をしないと、将来への不安と、病や年をとっての突然の自己負担に怯えるばかりとなる。手取りが多いことが幸せとは限らない。また、日本の法人税負担はOECD水準からみて低くはないが、企業の保険料負担は決して高くないこともみておくべきだろう。

⑧ 都市間交通

　EUに属するからばかりでなく、スウェーデンは海や陸でつながっている近隣諸国との関係が極めて深い。この辺は島国日本とヨーロッパ諸国との大きな違いである。イギリスも島国であるが、ドーバー海峡のトンネル開通により鉄道で大陸とつながっている。

　ここでは、少し視野を広げてヨーロッパの都市間交通についてとりあげてみたい。

(1) 空路

　ヨーテボリは商工業が盛んであるとともにスウェーデンの西海岸に位置するため、人や物流の重要なターミナルとなっている。空路としては、国内外に多くの便が飛んでおり、外国へは、ヨーロッパ方面を中心に結んでいる。現在、スウェーデンと日本には旅客機の直行便はないが、大阪との間に貨物専用便が飛んでいる。

　スウェーデン第二の都市の主要空港であり、国際便、国内便兼用空港であるランドベッテル空港は、ヨーテボリ中心部から東へ車で30分ほどのところに位置している。第二の都市の空港といえば、日本では関西空港ということになるが、都市の人口規模が違うため、想像以上に簡素で便利な空港である。空港内の移動が楽であるとともに、ターミナル前には大規模な駐車場があり、空港への移動も楽にできる。駐車場はいつも混雑しており、多くの住民はここへ車でやってきて飛行機に乗るようである。

　また、日本では、規制緩和があっても新規参入の小規模航空会社は苦戦しているようであるが、ヨーテボリでは、これまで知らなかったような小さな航空会社がヨーロッパ各地と結んでいる。これはヨーロッパ全体の傾向のようで、飲み物や軽食の有料化や預け入れ荷物の有料化、さらに自由席化などサービスの簡素化ばかりでなく、早朝や夜間の時間帯利用、各都市の主要な空港を利用せず第二、第三空港の利用および主要都市をはずすことで着陸料を安く上げるなどして、コスト削減と収入確保、料金の引き下げを実現している。

　日本が細長く島国であるなど地理的要因、大都市集中傾向による用地取得の観点からみて、第二、第三空港建設、利用についてはすぐにまねることは難しいかもしれ

ない。ただ、最近、あちらこちらに批判の多い新空港が誕生していることは、主要都市をはずれた空港にも、バス便さえ整備できれば生きる道があるかもしれない。

それにしても、強く感じるのは、なぜに日本は損益分岐点が高すぎるのか。実に多くの利用者、お客さんがいないと採算ベースに乗らないという。そして、この傾向は空港に限らない。

(2) 道路

これまでにもみたように、スウェーデンのヨーロッパ規格高速道路は無料であり、モテット（Motet）というインターチェンジが数多くある。そのため、道を間違えてもすぐに戻ってこられる他、通常、レストランやカフェ、ガソリンスタンドはインターチェンジの外に数多くあり、案内によって利用しやすいことも特徴である。

先ごろ、日本において、有料高速道路およびサービスエリアの運営が分割民営化されたところであるが、道路が閉鎖された中にレストランなどを配置するところでは、こうした有利性を得ることは難しい。とはいっても、高速道路わきにＭマークのハンバーガーチェーンが圧倒的に多いのは、競争の結果か住民の好みの問題か。

大都市では３車線、その他は２車線のところが多い。高速道路を走っていくと、突然一般道につながり、しばらく走ると再び高速になるというようなことが多々ある。バイパスとして一般道とは別に高速道路を作るのではなく、道路を拡張したものが高速道路になるというのが特徴である。

高速道路が原則無料というのは、北欧諸国の特徴であり、さらにドイツでも同様である。ドイツのアウトバー

ン（高速道路）は、無料であり速度無制限として知られている。大変なスピードで絶えず走ることができるイメージであるが、実際には、3車線区間はそれほど多くなく、2車線区間が多い。工事区間など速度制限区間も多く、突然、120、100、70キロなどへの減速を要求する。日本に比べると、運転者は速度制限にかなり厳格に従っており、かなりの高速からブレーキランプの点灯がみられる。

2車線のところで140～150キロくらいで走っている場合（ドイツ）、追い越し車線にでると、バックミラーで遥か彼方に車が見えても、おそらくは200キロ近い速度の後方車両があっという間に近づいてくる。走行車線に戻ると、前方には100キロ以下の車がいたりして、自分の車がどんどん近づいてしまう。自己責任による速度無制限も楽ではない。

山岳道路の多いスイスの高速道路は有料であり、40

フロントガラスのシールタイプ高速道路券（左下がオーストリア、右上がスイス）

スイスフラン（約3,800円）の年間料金を払って、ヴィニエット（Vignette）というステッカーの交通券を買い、フロントガラスの内側から貼る。観光客の短期間の、あるいは部分的利用であると高くつくということになり、陸続きであり外国からの観光客の多い国に適した方法である。もっぱら日本人からの徴収となる日本では使いづらい方法であるが、シール方式は料金所を必要としないので、全区間、あるいは一定区間の年間高速券を作れば、料金所の簡素化にはなりうるだろう。日本では、ETCが普及しつつあるから、これで代替できるかと思うが、シールと機械では、導入速度が格段に違うのは致し方ないか。

日本で導入された新しい駐車違反取り締まり実施によるトラブル、また料金所突破へのチェックも十分でないなど、現状の日本ではまだまだ課題が多い。駅には改札口がなく、トラムではお金を払わず乗ることはできるが抜き打ちの検札で見つかれば多額の罰金という方式、駐車違反のチェックも頻繁で罰金支払いも比較的日常的状況に慣れているヨーロッパの制度と文化の中でこそ実現できているという面もあり、人間によるチェックにはある程度の順法精神も必要だろうし、限界もあるようである。

(3) 海路

スウェーデンからのフェリーというと、東海岸のストックホルムからフィンランドのヘルシンキなどに向けたシリアラインやバイキングラインが観光客には有名であるが、ヨーテボリからも多くの船が出ている。長距離では、イギリス東海岸のニューカッスル、ドイツ北海岸のキールに半日から1日かけて、短い距離では、デンマー

クの半島の先にあるフレディクスハウンへ3〜4時間かけて到着する。フィンランドへの船は観光色が強い豪華船で、様々な施設がありイベントも実施されているが、ヨーテボリからの船は、レストランやバーなどの施設はあるもののそれに比べると若干簡素に作られている。こうしたフェリーが、単なる観光用でなく、交通手段として機能していることは、ヨーロッパ大陸の国々への距離感が改めて極めて近く感じられ、EU統合への一つの原因でもあり、結果でもあることがわかる。

　ドイツのキール行フェリーは、オランダやドイツ北部のベルリンやハンブルグばかりでなく、ドイツ南部のミュンヘン、ヨーロッパ中南部のフランス、イタリアまでの行き来に使われているようである。

　スウェーデンの南西部ヘルシンボリからは、デンマークのヘルシンゴーへの短距離フェリーを使い、陸路でコペンハーゲンを経由し、デンマークのプットガルデンか

ヨーテボリからキール（ドイツ）など、フェリーが行き来する

らドイツのルドビーへ向かうやはり短距離フェリーに乗れればドイツに、おそらくは最短で行くことができる。また、スウェーデン南部のマルメからコペンハーゲンへは、有料のエーレスンド橋で結ばれており、この場合、船を使わずデンマークから（やや遠回りになるが）ドイツ方面に向かうこともできる。

　歴史的には、様々な戦いの要因ともなったこの距離の近さが、今や、EUやヨーロッパとしてのアイデンティティを生み出しているようにみえる。

　国はもはやEUの中では一地方。車のナンバーはEUマークの下にS（スウェーデン）、D（ドイツ）、F（フランス）など各国の頭文字がデザインされている他、自分で国旗や国の頭文字を付けている車もある。自らの国の象徴に誇りを持ちつつ、他国を走る。これは正直なところ、うらやましい。

　キャンピングカーの利用も盛んだ。連結型や一体型の他国ナンバーのキャンピングカーが数多く走っている。一時期盛んに使われ、あるいは今でも「グローバルスタンダード」という名でアメリカ基準を称えている向きがあるが、こうしたアメリカ基準や日本型でもない、競争やお金ばかりでなく生活の豊かさを重視する、別のヨーロッパ基準がここには存在する。

⑨ 2006年9月の総選挙

(1)　総選挙の風景

　日本でも大きく報道されたが、2006年9月にスウェーデンでは総選挙があった。一院制で任期4年、比例代表制をとっているが、この比例代表制は日本のようにド

ント式ではなく、1.4で割るところから始める修正サンラグ式というものである。ドント式より小政党に配慮したサンラグ式の修正版とされるが、得票が4％ないと議席を持てないといという泡沫政党の足切りもある。比較的新しい政党である緑の党は、足切りに引っかかって議席を失ったこともあったが、最近は安定している。死票が少ないからか伝統的に高い投票率を示してきた。

スウェーデンは、これまで多くの期間、社会民主労働党Sveriges Socialdemokratiska Arbetareparti（以下社民党と略）が政権をもっており、直近では、社民党の少数単独政権で、かつての共産党である左翼党Vänsterpartietと環境党緑Miljöpartiet de Gröna（以下緑の党と略）が閣外協力で過半数を占める形であった。これに対し、穏健党Moderaterna、中央党Centerpartiet、国民党自由Folkpartiet Liberalerna（以下自由党）、キリスト教民主党Kristdemokraternaの4党が連合して統一マニュフェストを作って、野党連合として与党に対峙するという二大勢力対決の構図となった。

これまでほとんど全ての期間、社民党が政権に入っており、かつ10年間の長きに渡る首相在任期間でややあきられ、年齢もいってきたパーション首相（とはいってもまだ57歳であるが）と41歳と若くフレッシュな穏健党のラインフェルト首相候補。イメージも大きいのではないか。ラインフェルト首相候補はノルウェーをEUと言ってみたり（ノルウェーは非EU国）それなりに失言もあったようであるがその辺は若さ。あまり減点にはならなかったようである。日本の首相候補ならば別に知らなくても大きな問題ではないだろうが、20世紀の始めまで1世紀近く同君連合として一つの君主国であったお

隣のノルウェーである。それはやはりまずいだろう。他の小政党でも、あまりよいポスター写真ではないと思えた党首を抱える政党は支持に影響したようにもみえる。

　選挙の方法は日本とかなり違う。日本で目にするベニヤ板の共同掲示板はなく、広告としては、ポスターが道端の芝生に埋めてあったり、トラム（路面電車）の横腹の大宣伝版、トラム停留所（ホーム）、トラム内部のポスター。家の側面や塀にというのは目にしたことがない。その他、新聞広告、郵便折込チラシが一般的である。映画のポスターくらいの大型ポスターがあるのも特徴である。

　また、街の中に、各政党毎に２畳、３畳くらいの木造プレハブ小屋（物置などと並んでホームセンターの表に展示されているようなもの）が立ち並び、ここで、コーヒーを飲みながら有権者との交流、マニフェストの配布が行われているのもこの国の特徴的なスタイルである。

各政党の小屋（ここでは、穏健党と社民党が並んでいたりする、何か和やかな雰囲気）

絶叫型の演説を目することはなく、テレビ討論の出席者も声がかれているという様子はないようで、概してスマートな選挙運動のイメージであった。

選挙カーが走り回らず、連呼ももちろんない。環境にも体にもよさそうな総選挙である。

(2) 総選挙の結果

2大勢力、ともにスキャンダルはあったようであるがやはり、政権政党のほうがダメージは大きいのかもしれない。社民党は、津波への対応がよくなかったことや若手女性リーダーのスキャンダル。また、社民党議員は他の政党議員に比べ、収入が多く金持ちが多いなどという記事が新聞に出たりした。新しく政権に入った自由党は、社民党へのハッカー事件の影響もあるのかもしれない。いずれも大幅な議席減となった。

選挙前の世論調査では、ほぼ互角から、野党連合有利に変わって行き、選挙当日の出口調査の結果でも、僅差で与野党逆転というものであった。びっくりしたのは、出口調査の結果が実際の結果にほぼ一致。日本との違いというか、スウェーデンの有権者の真面目さの一端を見る思いがする。

表11が総選挙の結果である。英語表記となるが、上4党が穏健党を中心とする中道・保守の連合（旧野党連合）、得票率4.2％増。下3党が単独政権の社民党と閣外協力の左翼党と緑の党（旧与党支持グループ）、得票率6.8％減。いずれのグループも得票で過半数を占めることはできず、右翼政党などが足切りにあった結果、連合は過半数の議席を占めるに至った。穏健党が11％もの得票率増、議席にして42議席増、社民党は4.9％増、議席にして14議席減であった。

表11　総選挙2006結果

（投票率）　81.99%

政党	得票率	増減	議席	増減
穏健党	26.23%	+11.0%	97	42
中央党	7.88%	+1.7%	29	7
自由党	7.54%	−5.9%	28	−20
キリスト教民主党	6.59%	−2.6%	24	−9
与党連合	48.24%		178	20
社民党	34.99%	−4.9%	130	−14
左翼党	5.85%	−2.5%	22	−8
緑の党	5.24%	+0.6%	19	2
社民連合	46.08%		171	−20
その他	5.67%	+2.6%	0	0

（出典）「The Local」英語版HPより

　若者の政治離れが問題とされているのは日本と同じであるが、下がったといっても投票率は高く81.99％であった。
　さて、日本の報道や評価はどうであったであろうか。日本では小泉内閣がまさに幕を下ろそうとしていた時であったから、それまでの構造改革路線、民営化路線のイメージが強く、そういう流れで捉えていたのではないだろうか。世界的にも、ナショナリズムの台頭や右傾化の流れ、あるいは民営化議論を見聞きする中、それが世界のすべての国で多数派になってきているかというとそうでもない。
　すでに、選挙後には、新文化大臣他数人の新大臣が長い間テレビの受信料金を払っていなかったというような、日本の国民年金未納問題を想わせるトラブル、閣僚

辞任があったりして、与党の支持率下落と野党の上昇が報道された。表12のように、2006年11月のSIFO世論調査では、政権についた中道・保守連合が43.8％、野党3党が51.2％と大きく逆転し、最新の調査でその差は広がっている。また、2大政党を除く小政党の中で最小得票率、議席の緑の党が、もはや第3党になりそうな勢いにある。

　実際、今回の選挙の争点は、経済状況はよいにもかかわらず仕事がないということで、雇用対策が第一、そして環境問題がテーマとされた。穏健党は、減税を打ち出してはいるが、小さな政府、民営化路線を明確にするというより、福祉政策の中身の調整、公共施設の有料化など、個別政策の中で雇用活性化を考える方向のようである。大幅な社会サービス引き下げをせず、組合との協調路線も打ち出し、ウイングを左に伸ばしたという意味で、イギリスのブレア労働党になぞらえられている。ブ

表12　世論調査結果

(％)

	2006年11月	2008年2月
穏健党	25.5 (−0.8)	21.4
自由党	6.3 (−2.0)	6.6
中央党	6.7 (−0.6)	6.0
キリスト教民主党	5.3 (−0.6)	4.2
与党連合	43.8 (−4.0)	38.2
社民党	38.9 (+3.5)	45.5
左翼党	5.7 (+0.1)	5.5
緑の党	6.6 (+1.2)	6.6
野党3党	51.2 (+4.8)	57.6
スウェーデン民主党	3.1 (0.3)	2.9

(出典)　表11に同
(注)　2006年11月の（　）内は2005年10月調査からの変動幅

レア首相がサッチャリズムを盛り込んでウイングを右に伸ばしたように、この反対、保守から左への支持拡大ということである。ニューモデラートの政策として、所得税を含む租税政策、雇用政策が注目されるところである。

いずれにしても、ヨーロッパ、北欧の歴史と文化、そして公共部門との関わりの中で育まれてきたスウェーデン国民の志向が、日本のようにアメリカ志向に、それも突然なるとは、到底考えられないのである。ヨーロッパ福祉国家の保守（系の政策）が、アメリカ型競争志向型国家の保守とどう違うのか、興味をもってみていたい。比例代表制についても、これまで政治的な、あるいは技術的観点からのみみてきたが、ここに住むと、この方式が投票者として負け組みを作らない、投票が議席に反映されない有権者を作らない、平等精神の表れ、一つの社会政策であると感じる。

⑩ その後の新政権──民営化と料金値上げ

　９月の総選挙で政権交代、それも久々でもあり珍しい保守中道勢力への政権交代であったにもかかわらず、2006年暮れ以降の各種世論調査では、政権勢力への支持が伸びず相変わらず社民系の支持の方が高い。これまでの社民政権への批判が高まった結果の政権交代にしては、何かさめた感じで違和感を覚える。テレビ受信料未払いなど新大臣のトラブルなどが影響しているのかとも考えたが、どうもそれだけではないらしい。現地の人々に質問すると、旧体制に飽きた、新鮮さを求めて投票したという人や民営化などをいいだすから支持が下がるの

だ、そもそもそんなことを期待していないという人もいる。確かに、総選挙の争点は、雇用と環境であり、首相を出している穏健党も民営化を前面に押し出して選挙を戦ったという感じではない。小泉政権が自民党内向けも含め郵政民営化を強く打ち出して選挙を進めたのとはかなり違う。

　政府は、国有企業の内6つの政府保有株式売却法案を提出したが、これにより2009年までに1,500SEKの売却益が出るとともに、雇用の拡大と企業活動の活性化が期待できるという。この中には、スウェーデンの代表的蒸留酒アブソリュートウォッカの製造会社Vin & Spritなども含まれる。

　世論調査機関SIFOの2007年初めの調査によれば（地方新聞のヨーテボリポステン＝GP紙掲載）、これらの民営化について44％は反対、賛成は33％、あとはどちらともいえない、よくわからないという結果となった。結局、GPの見出しではスウェーデン人の3分の2は乗り気でないという解釈をしている。概して、与党支持者の支持率は高く、野党支持者の支持率は低いが、与党連合の中央党やキリスト教民主党でも支持は40％止まりである。

　お酒の販売もシステムボラーゲットという国営酒販売店が独占しており、スーパーで販売できるのは、アルコール度数3.5％のビールまでである。この制度もアルコール中毒対策に悩んだスウェーデンの数十年も続く伝統的健康維持政策の一つであり、EUから批判を受け、外国から来ている企業の駐在員からも評判は悪いが、国内的には評価を受けているようである。高い酒税率もあってシステムボラーゲットの酒価格は高いが、ワインを中心に品揃えは多く、どの店でも同じ値段である。結果と

して、海外からフェリーで帰ってくる人々のVOLVOのトランクは酒でいっぱいということにはなる。

　一方、補助金カットに伴う公共料金上昇も進んでいるようである。前にもふれたが、ヨーテボリ市の規模は日本の中核市程度で空港もコンパクトなため、空港前の駐車場を利用する人が多く、いつも広い駐車場のかなりの部分が埋まっており、新たに立体駐車場ビルも建設中である。駐車料金は、ターミナル入り口に近い方が高く、離れるに従って安くなる。近く高い場所は送迎時の一時利用、遠いところは数日間から数十日ほどの旅行の際に利用されるようである。遠く安いところの料金は、最初の４日間は１日80SEK、５日目から１日20SEKだったのが、今年になって最初の４日間は100SEK、５日目から25SEKに変わった。８日間の場合、400SEKから500SEKになったわけで、25％の値上げとなった。独立系インターナショナルスクールの学費も、現役の生徒は２倍、新入生についてはなんと10倍にもなるようであ

国営酒販売店（システムボラーゲット）

る。日本の私立学校に比べればそれでも安いのであるが。

　政権についた経験の不足か、日本のように物品税廃止とともに所得税、法人税減税をたっぷりやった後での消費税導入（1989年）と違い、それほど赤字とも思えないのに大きな減税をせずに料金値上げを進めているようである。こうしたあたりも新政権への失望へとつながっているのではないだろうか。日本の場合、結果としてバブルの一因をつくり、その後の財政赤字拡大の要因を作ったが、政権維持にはつながっている。スウェーデン政府の方が財政規範に対し、それだけ真面目ということはできるだろう。

⑪ 格差社会を超えて

　北欧はノーマリゼーションの国とされ、人の助けがなくても、みな自分で行動できるようにバリアフリーで……とされているが、実は、助け合いの場面を目にすることが多い。石畳が多く、移動しやすいというわけでもないため、歩道に上がれずに困っている車椅子の人もいる。少しの段差なら乗り越えられるほど歩行器や乳母車は丈夫で大きく作られている。それでもなかなかたいへんなところもある。

　こうしたケースでは、もちろんみなが助ける。乳母車をトラムに乗せる場合、中の人が運びあげるのが普通である。筆者がスーツケースを抱えてトラムに乗り降りする時でさえ手伝ってくれる人がいたり、扉近くの席を空けてくれたりすることがある。駐車場で、バッテリーが上がったからケーブルを繋げ電気を貸し借りする場面も

ある。雪の坂道を上れずに滑っている自動車をみると、歩いている人々が押し上げにくる。

　一方、歩行者は信号無視が多く、運転者から見るとびくびくである。交差点を青で通過していても歩行者がいつ横断歩道を渡り始めるか不安になり減速せざるをえない。そのうちそれが当たり前となり、運転は穏やかになる。なぜかウインカーを出さない車が多いが（実感ではほとんどだが）、二車線から一車線への合流は実に整然と行われている。福祉国家の精神は、制度だけで構成されているわけではないようだ。

　「お客様は神様です」。故三波春夫さんが自ら言ったのではないとされているが、彼によって広められたこの言葉。実感からしても、この国では当てはまらない。営業時間中の大規模な店内改装、これは結構多い。土曜、日曜の営業時間短縮や休業、長い休暇、スーパー店員の動きもスローである。中古車店に自動車を見に行ってもこちらが声をかけなければだれも寄ってこなかった。昼間、交通整理もなしに信号を（消して）修理している。注意が必要だ。25％の消費税のせいもあってものは高いし、著名なブランドものもない。ものにあふれた日本の繁華街と比べれば、選択肢は少ない。不便さやイライラの種はあちらこちらにある。それでもそれを補って余りあるものがある。

　お客様を神様に、消費者を神様にする。消費者の希望に合わせることによってよい商品ができよいサービスができる。そして商品が売れる。すべての人にとって望ましいようにみえる。しかし、消費者の希望には際限がない。従業員は長い時間働けば働くほど便利になり、彼らの給与は安ければ安いほど望ましい。よいもの、よいサービスを安い値段で得られるからである。たとえば、夜

第3編　生活実感・住んでみて編

も開けてくれ、土曜も日曜もとなり、雇う側にとっても好都合である。消費者主権は、結局は、経営者主権となる。働くものは置いていかれてしまうのが競争社会、新自由主義を追求する日本の姿ではないだろうか。

　自由と言う言葉自体が肯定的意味を含むために、好意的に解釈されてしまうが新自由主義とは、儲ける自由、損する自由、落ちこぼれる自由、生活に困る自由、あらゆる可能性を含む。今や、公と民は対立する概念のように取り上げられるが、公務員も会社員も働き手であることに変わりはない。みんなが働き、みんなが勉強する。心と体に余裕があって、あせらずゆったり生きることができる社会。財政の再分配機能はやり大事である。

　難民流入に悩みつつもこれまで熱心に受け入れを行い、個人や企業の高負担で知られるスウェーデンであるが、それでもこのところ経済は良好である。民主主義や教育レベルの調査でも上位にある。競争すれば万事OK、目先安いことは全てに勝ると考えない人々がここ

低床式のトラムに乳母車をのせる

にはいる。

12 マニュアルはあるのか？―サービスは「現場」で起きている―

スウェーデンに住んでいると、「えっ、マニュアルはあるのか？」と思う場面によく遭遇する。本当のところははっきりしないが……総人口が少ないからであろうか。公共機関や、スーパーにもある郵便物の受け取り窓口など、多くのところで、人により言うことが違ったり対応が違ったりする。その場合、交渉すると、あるいは担当者を変えると（出直すと）それなりに何とかしてくれたりくれなかったり。

公共機関の場合、国家公務員が25万人、地方公務員が100万人（市町村レベルが75万人、県レベルが25万人）、合わせて125万人規模とのことで、総人口の8分の1、総労働人口の4分の1となる。日本の総人口1億

ヨーテボリ中心部

2,000万人でいえば、1,500万人以上だから、東京都の人口以上の公務員が日本にいることになる。ただ、スウェーデン公務員の多くは現場である。福祉、教育、医療。介護ヘルパー、学校の先生、プリスクールの保育師、医師、看護師……。NPOやボランティアとの協働より職員として雇用するケースが多いようだ。結局、人間が人間を面倒見るというような現場の職種が多く、そのためのマニュアル作りをする人はそれほど多くないかそれほど厳密ではないというのが私の解釈である。

　日本では、マニュアル企業の代表のように思われるチェーンのハンバーガーショップでも、人様々だ。「いらっしゃいませ、こんにちは」に相当する言葉もないし、「ご一緒に……はいかがですか」などということもない。おまけにおもちゃがついてくるということで、子供に人気のハッピーミール（日本のハッピーセット）という商品がある。おもちゃを３つか４つの中から選べるもので、日本の場合、どれにしますか？　と聞いてくれるが、スウェーデンの場合、ほとんどいつも、そのうちの一つを渡される。たまたま一つしか置いてないのかと思い、確認してみると、希望のものを探してきてくれたりするケースが多い。とりあえずその辺に置いてあるものをもってくるようだ。こんなところにも、「現場対応」がある。

⑬ 負担することの嫌いな日本人、あまり気にしないスウェーデン人―環境と税―

　日本の税負担水準がなぜ、世界最低水準になってしまったかについては、様々な理由が考えられるが、要は国民も企業も負担が嫌い、払うことが嫌い、政治家を通じ

てそうした政策を実現しているということになろうか。生活や国際競争力の維持が税を低い水準におく理由としてあげられるが、生活や国際競争力のための増税はありえないのであろうか。ありえないとすれば、スウェーデンは世界最低レベルの生活と国際競争力ということになるが。

　一方、日本の対極にいるのがスウェーデンの人々。払ったものはサービスや給付として戻ってくると説明してくれたり、この国では貯金は要らないという人もいる。政府に対する信頼性や透明性がその前提となるが、ただそれだけではない。そもそも負担に対する嫌悪感が日本人ほど大きくないのではないか。次の例をどうお考えになるであろうか。

　レジ袋。日本では５円くらいのレジ袋税導入を進める自治体があるが、スウェーデンのスーパーの多くでは、レジ袋は税金ではなく袋が有料である。紙の袋が１Kr（16円）、ビニール袋が２Kr（32円）くらいで、通常レジの前などに置いてある。日本でこの金額までレジ袋税をかけたら、リサイクル袋使用に拍車がかかるか、再利用しそうであり、実際、私自身もスウェーデンのスーパーへは、ややよれよれとなった袋を持っていったものである。しかし……。違った光景を目にすることも多かった。日本のスーパーの移動ワゴンの数倍、日本では大きなホームセンターで使うようなワゴンにたくさんの食品、商品を入れ、レジの前で、シャッシャッシャッと気持ちよく（？？？）袋をとってワゴンに入れる。買い物はたくさんのなので、ここで何枚袋を取るかはかなり思慮を要することのように思えるが、そんなこと気にしない様子で一瞬の内に。もちろん、すべての人ではないが、結構多く目にした場面である。この国では、たとえ

第３編　生活実感・住んでみて編

わずかばかりの金額のレジ袋税を導入しても効果がないのかもと思う。

　ビン、カン、ペットボトルはデポジット（預かり金）制で、スーパー出入口の自動返却機に入れ、デポジット分をレシートで受け取り、買い物に使う。

　330mlくらいのソフトドリンクや低アルコールビールビン、カンの0.5Krから2Lくらいのミネラルウォーター2Krくらいまで、かなり高額のデポジットということになる。アルコール分2.1％の低アルコールビールは比較的安いこともあり、スーパーでは30Krくらいで1ダース買えるが、ケースごと買うとケース分も含めほぼ同じ金額のデポジットが必要となる。飲み終わってケースごと自動返却機に入れると、かなりたくさんの金額を戻してもらえることになるが、さらにビールを買ってしまうとまた払うことになるのである。というのはこちらの理由である。

　また、ヨーロッパの各都市に見られるように、トイレ

（ペットボトルを入れる）自動デポジット払い戻し機

は有料のところが多く、ショッピングセンター、高速道路脇のドライブイン、サービスエリアなどのトイレも有料であった。さらに、都市部周辺のマクドナルドのトイレにも有料（5Kr）のところが多くみられたことも付け加えておく。

　日本人の考え方と違い、払ったら現金やサービスとして戻る、と考えるのである。ビン、カン、ペットボトルリサイクルにおいても、デポジット制がなかなか進まない日本。もはや、これは文化である。

14 スウェーデンの生活

　期間は短いが1日の日照時間の長い夏、そして長く暗い冬の期間。多くの湖と森林。こうした自然とランプ、ろうそくがこの地の文化、習慣、独特の雰囲気を作っている。

　イースター前に食べる（見た目はシュークリームに似た）セムラ。初夏にあちこちに出店する屋台のいちご販売。夏の湖風景。夜が長くなりクリスマスが近くなると多くの建物の窓辺に置かれる、豆球が山型に7つ並んだランプ。テーブルのろうそく。12月のルシア祭。クリスマスに飲むグルッグというワイン。日本の都会では失われてきた季節感がここにはある。こうしたものは都市の規模の拡大と共に、自然がなくなるとともに失われてくるようである。

　小学校の授業は、生徒が黒板に向って机を並べ、先生が黒板を背にして立つ日本の学校形態ではなく、U字型で先生を囲むいわば日本の会議室スタイルや4人用の四角いテーブルがいくつかある理科室タイプ。先生の顔と

同時にみんなの顔も見える。クラスの人数が少なくないとできない形態である。先生を呼ぶ時はファーストネーム。発言も活発である。「ゆとり教育」とは、先生一人当たりの生徒数を減らすことに尽きる。時間短縮よりもっと重要。また、「ゆとり教育の弊害を減らす」とは、時間を増やしたり授業内容を増やすことではなく、先生の数を増やすことだ。効率性とは全く相容れないものである。

　休み時間は、かなりの雨でも真冬の雪の中でも合羽や防寒具をつけてみんな外へ遊びに出る。というより出される。もう泥だらけである。ここでは、子供はみな長靴下のピッピとなる。ただし、環境保護のせいか、小学生、保育園児の頭にしらみが流行中。

　各家庭では、真冬の寒い日でも家族で公園や湖の周りを散歩する。夏のレストランやカフェは表の席から埋まり、内側の席はガラガラ。秋になり冷えてきてもカフェの表の席には毛布が置いてあり、外を利用する人も多

小学校はこんなテーブルが四つ

サマータイムを過ごす（ヨーテボリ中心部から車で10分の湖））

い。といっても毛布をかけるのは日本人くらいであるが。

　最後に、2つ感想をまとめておく。一つは、公平と再分配の基礎にはID番号、ペショーンヌンメルと情報公開があるということである。郵便物の受け取り、クレジットカードの利用、車の購入、家を借りる場合でも、ID番号は必要となる。これをもっていないと、子供の学費（独立系）も高くなってしまう。公共的利用ばかりでなく、あらゆる場合に必要とされる。管理社会の象徴とされ、日本では評判の悪い背番号制であるが、本人確認の基礎となり、不正を起こりにくくする働きがある。また、所得を含む個人情報の公開があり、最近ではネットでも他人の情報を検索できることができるようになった。信用能力チェックのためということであるが、それとともに高い負担、再分配に納得し公平感を生み出す基礎であるようにも思える。

　第二次大戦とその後の教育や諸制度における180度の変化が、保守勢力にも革新勢力にも傷を残している日本

と違い、2度の世界大戦をうまく回避してきた歴史がそうさせるのであろうか。日本と違い、失敗しなかった政府に対する国民の信頼度は高く、こうした制度への信頼ともなっている。

二つ目は、スウェーデン行きの理由の一つともなったなぜ高負担が支持され維持されているのかと言う疑問に対する答えについて、である。

基本的には、高い負担には高いサービスで応じており、負担したものはサービスや給付の形で戻ってくるということになっている。しっかり集め、しっかり給付となる。家庭内における扶養家族の増は、税負担を減らしてやることで応じ、税はあまり払わなくてよいから家庭内のことは自分たちで、あるいは勤務先に任せてという日本式ではない。

また、消費税や付加価値税が高いといっても、安いものを手に入れようと思えばそれなりに手はある。

教会ボランティアなどで運営されているため極めて安いセコンドハンドショップ。これはアンティークショップではない。日本には市場価格で経営されている中古品ショップはあるが、こうしたセコハンに相当するものはあまりみられない。バザーやフリーマーケットに近いといえようか。家具から食器、書籍、衣類、スポーツ用品、自転車、電気製品、絵画に至るまで、（感覚的には）住宅と自動車を除くあらゆるものが、通常週2日開店するこうしたショップに並べられている。食器などは、磨かれ、きれいにディスプレーされ、そして安い。時間前からお店の前に並んだりして、老若男女、住民の憩いの場のようでもある。

酒は隣の国で買うこともできる。日本との地理的違いということになるが、隣の国と橋でつながっていたり、

フェリーでも30分ほどで渡れるところもある。フェリーの中では免税でお酒を買ったり飲んだりできる。港には、ボルボV70のリアウインドウが見えないほど酒やビールを積んだ車が、フェリーから上陸する。

人件費を伴うサービスは高いので自分でやる。Do it your selfを行うことで支出削減、アウトソーシングしな

各家庭におかれる本物のもみの木のクリスマスツリー（12月になるとまちの広場で売っている。）

12月のルシア祭

いのもスウェーデン式である。

　共稼ぎ家族の家事を楽にするため、および失業対策として実施される、新政権の減税プラン。ベビーシッター、家の掃除、ガーデニング費用の半分を税額控除しようというものであるが、みんなが喜ぶと思ったら、世論調査の結果では、必ずしも前評判は高くない。金持ちしか使わないサービスであるし、みんなの楽しみでもあるからということらしい。スウェーデンの人々の生活スタイルが感じられる。

結びにかえて
―ヨーテボリの湖を想う―

　日本に帰国して、改めて感じるのは、何でもある、選択肢はいくらでもあるということ。デパートまで行かなくても、商品の選択肢が豊富で、しかも競争があるため、概して物は安い。レストランも多様、食品もしかりである。このあたりは、新自由主義政策、競争社会のメリットであろう。1980年代以降、自由化の波の中で、安いことはいいことだと考えさせられてきた。食料自給率も考えず農産物の自由化を進め、工業製品も海外製品を、大規模店舗を通じて手に入れられる。かつては、町のお店屋さんで定価に近い値段で買っていたものを、安い値段で買うことができる。

　私も含め、こうした生活に慣らされてしまっている日本人が、物の選択肢は少ないけれど、贅沢はできないけれど、可処分所得は多くないけれど、時間配分や生活の選択肢は豊か（あまりお金はかけない限りにおいて）、作られた娯楽は少ないけれど自然は豊かという生活への方向転換に、心から関心をもてるだろうか。（ものが多すぎて）捨てる技術の本が売れる日本。お金がなければ遊べない日本。一方、自然を愛し、マニュアル・ミッションの車に乗り、必要なものを買う、安いからといって跳びつかないスウェーデン。何か、遠いところにいるようである。

　ものの「相場」、あるいは「原価」などというものを考えると、安く買ったということは、だれかが長時間労働を強いられたり、賃金が安かったり、農薬散布が多か

ったり、食品偽装だったり、機械化だけでは説明できないコスト削減努力（これを努力というならば）の結果なのでは……。国際競争力ということで、企業の負担を下げることばかりが強調され、所得税も社会保険料も骨抜きにされてきた日本。両親保険制度を含め、雇用に伴うコストも高くても発展してきたスウェーデン。ここにいると、（税を含めた）値段が高いことはよいことなのではないか、だれかが幸せになることなのではないかとさえ思う。

　日本の年金問題。背番号の検討も待ったなしであるが、政府は信じられないからこんな番号いらないということになるのであろうか。そして福祉と教育。前内閣のキャッチフレーズ「美しい国」は、十分な人の配置と資金から成り立つものである。効率性とコスト削減からは、いらだちしか生まれない。本当の意味での「美しい国」を作るためには、日本が世界でも例を見ないほど税負担が少なく、国債ばかり多い国であることを認識し、最高税率の引き上げなどもう少し負担することを考えなければならない。消費税ばかりでなく所得税が…。あまりにもひどい。

　スウェーデンのライフ（Life）、ワーク（Work）、そして自然（Nature）とのバランス。

　フルタイム・ワーカーなどと言っても収入確保のために24時間働いているのではない。家に帰り、眠る。その点ではみんなパートタイム・ワークである。身体を動かすのは24時間。仕事場で家庭で、寝ている時間も呼吸したり寝返りを打ったりしている。スウェーデン人は、仕事場で働く時間は短くとも家庭では家事、育児で「働いている」。仕事場で働くか、自宅で働くかである。そのためけっこう忙しい。お父さんが集う日本の居酒屋

に相当するお店はないようだ。健康維持も医療ばかりにアウトソーシングするのではなく、お金のかからない公園や湖でスポーツが大好き。健康維持につとめている。

　妻や業者に「アウトソーシング」しない生活ともいえる。ただ、その前提には、労働時間と通勤時間の短さがある。年金、医療の問題も大事だが、労働時間、通勤時間短縮を進めていかないといけない。現在のままで、男も家庭のことをしてといっても疲れきる。女性の働きやすい社会をといって、保育所をたくさん増設して延長保育を設定しても、また疲れた人をふやすだけである。根本的解決にはならない。ワーク・ライフ・バランスは、子育て支援だけではない。

　年金のような現金給付は、大企業の相談役のようなフローとしてのお金持ちにも給付しなくてはならない。基礎年金部分は税金で、一定以上の年収者には税金を入れずというスウェーデン方式の検討が必要だ。だが、人口のはるかに多いそして高額所得者もはるかに多い日本では、余裕のある人には年金給付自体を減らしていくことも考えなくてはいけないだろう。その時、年金制度を保険制度でいいのか、税制度の中に組み入れるのか。

　困った時、歳をとった時、必要なのは、現金より医療や福祉の現物支給が重要である。高い負担の中で、元気でいてコロリと亡くなる人は御免なさい、負担だけして給付なしですよと。再分配、本当の意味での「保険」が必要と思われる。

　路面電車と地下鉄。路面電車と郊外電車。比べてみれば、路面電車の方がお年寄りや乳母車のお母さん（お父さん）向き。お金もかからないし、バリアフリー対策も容易である。地上からの利用の便利さはもちろん、駅の間隔は短いし、ホームを延々と歩かされることもない。

LRT（ライトレールトランジット）は環境にもやさしい。片側2車線以上あるところでは、バスと路面電車を路面電車の線路上を走らせることを考えられないか。路面電車の中のほうが、乗客の態度もいいような……。他人との距離感が人間的レベルなのであろう。

　スウェーデンのような人間的な規模、値段、負担。広域自治体（道府県）はともかく基礎自治体規模を適正にすること、賃金水準より労働時間重視の労働条件改善、最高税率を含む所得課税の再構築、これらの検討は、日本に、そして日本人に余裕をもたせることになる。また、フルタイムとパートタイムを単なる働く時間の差の違いとなるよう社会保険制度を組み直すことにより、24時間の時間配分が人間的になるだろう。

著者略歴

星野　泉　（明治大学教授）

1956年生まれ
明治大学大学院博士前期課程修了、立教大学大学院博士後期課程単位取得。
明治大学政治経済学部助教授を経て2002年、明治大学政治経済学部教授。
2005年・2006年、スウェーデンヨーテボリ大学客員研究者。専攻は財政学、地方財政論。

著書に『世界の財政再建』（敬文堂、1998年、共著）、『分権型税制の視点』（ぎょうせい、2004年）、『現代の地方財政（第3版）』（有斐閣、2004年、共編著）、『予算・決算　よくわかる自治体財政』（イマジン出版2008年　共著）など。

コパ・ブックス発刊にあたって

　いま、どれだけの日本人が良識をもっているのであろうか。日本の国の運営に責任のある政治家の世界をみると、新聞などでは、しばしば良識のかけらもないような政治家の行動が報道されている。こうした政治家が選挙で確実に落選するというのであれば、まだしも救いはある。しかし、むしろ、このような政治家こそ選挙に強いというのが現実のようである。要するに、有権者である国民も良識をもっているとは言い難い。

　行政の世界をみても、真面目に仕事に従事している行政マンが多いとしても、そのほとんどはマニュアル通りに仕事をしているだけなのではないかと感じられる。何のために仕事をしているのか、誰のためなのか、その仕事が税金をつかってする必要があるのか、もっと別の方法で合理的にできないのか、等々を考え、仕事の仕方を改良しながら仕事をしている行政マンはほとんどいないのではなかろうか。これでは、とても良識をもっているとはいえまい。

　行政の顧客である国民も、何か困った事態が発生すると、行政にその責任を押しつけ解決を迫る傾向が強い。たとえば、洪水多発地域だと分かっている場所に家を建てても、現実に水がつけば、行政の怠慢ということで救済を訴えるのが普通である。これで、良識があるといえるのであろうか。

　この結果、行政は国民の生活全般に干渉しなければならなくなり、そのために法外な借財を抱えるようになっているが、国民は、国や地方自治体がどれだけ借財を重ねても全くといってよいほど無頓着である。政治家や行政マンもこうした国民に注意を喚起するという行動はほとんどしていない。これでは、日本の将来はないというべきである。

　日本が健全な国に立ち返るためには、政治家や行政マン、さらには、国民が良識ある行動をしなければならない。良識ある行動、すなわち、優れた見識のもとに健全な判断をしていくことが必要である。良識を身につけるためには、状況に応じて理性ある討論をし、お互いに理性で納得していくことが基本となろう。

　自治体議会政策学会はこのような認識のもとに、理性ある討論の素材を提供しようと考え、今回、コパ・ブックスのシリーズを刊行することにした。COPAとは自治体議会政策学会の英略称である。

　良識を涵養するにあたって、このコパ・ブックスを役立ててもらえれば幸いである。

自治体議会政策学会　会長　竹下　譲

COPABOOKS
自治体議会政策学会叢書

スウェーデン 高い税金と豊かな生活
―ワークライフバランスの国際比較―

発行日	2008年3月21日
2刷	2010年8月3日
著 者	星野 泉
監 修	自治体議会政策学会©
発行人	片岡 幸三
印刷所	株式会社シナノ
発行所	イマジン出版株式会社

〒112-0013 東京都文京区音羽1-5-8
電話 03-3942-2520 FAX 03-3942-2623
http://www.imagine-j.co.jp

ISBN978-4-87299-474-2 ¥1000E

落丁・乱丁の場合は小社にてお取替えいたします。

イマジン出版 http://www.imagine-j.co.jp/

すぐわかる自治体財政 【最新刊】
予算・決算
―バランスシートから財政健全化法まで

兼村 高文（明治大学大学院教授）
星野 泉（明治大学教授） 著

■これからどうなる、どうする自治体財政。地方財政健全化法と自治体のバランスシート作成など現状を明快に解説。
■自治体予算の役割と仕組み、決算の読み方、会計の仕組みや課題などの基礎と財政分析の活用の仕方をわかりやすく著した必携の書。

□A5判／200頁／定価2,100円（税込）

COPA BOOKS　自治体議会政策学会叢書

スウェーデン 高い税金と豊かな生活 【最新刊】
―ワークライフバランスの国際比較―

星野 泉（明治大学教授）著

■暮らしの豊かさ、人間の幸福を税金の仕組みから問い直す。消費税25％でもたじろがない、どうしてそんなことができるのか。
■生活実感からみたスウェーデン。
■税金の国際比較を通して明らかにするスウェーデンの実像と日本のひずみ。

□A5判／104頁／定価1,050円（税込）

地域自立の産業政策
―地方発ベンチャー・カムイの挑戦―

小磯 修二（釧路公立大学教授・地域経済研究センター長）著

■循環・信頼・連携による地域創造。
■自治体財政の危機に求められる地域自立とは。
■地方の経済を興す力はどこに。地域の力とは何か。
■実践者が地域自前の産業創出、雇用創出に向けて課題解決のため、「カムイ」の挑戦で解き明かす注目の一冊。

□A5判／120頁／定価1,050円（税込）

自治を担う議会改革 【増補版】
―住民と歩む協働型議会の実現―

江藤 俊昭（山梨学院大学教授）著

■議会運営、定数、報酬、マニフェスト、選挙制度を網羅。住民、議員、職員の疑問に明快に答える一冊。
■栗山町、三重県の議会基本条例の詳説を増補。分権にふさわしい議会改革をわかりやすく解説。
■具体的な改革の一歩はいつでも踏み出せると提唱する協働型議会。

□A5判／176頁／定価1,575円（税込）

いいまちづくりが防災の基本
―災害列島日本でめざすは"花鳥風月のまちづくり"―

片寄 俊秀（大阪人間科学大学教授）著

■災害とはなにか、災害に弱い町はどのようにつくられたのか、わかりやすく解説。
■自然と謙虚に向き合う、「しのぎの防災システム」と「花鳥風月」、「まち育て」の極意を説く。

□A5判／88頁／定価1,050円（税込）

ご注文は直接、TELまたはFAXでイマジン自治情報センターへ

TEL.03-3221-9455　FAX.03-3288-1019　〒102-0083 東京都千代田区麹町2-3 麹町ガーデンビル6D

全国の主要書店・政府刊行物サービスセンター官報販売所でも取り扱っています。

イマジン出版
http://www.imagine-j.co.jp/

COPA BOOKS
自治体議会政策学会叢書

地域自立の産業政策
―地方発ベンチャー・カムイの挑戦―
小磯修二(釧路公立大学教授・地域経済研究センター長)著
□A5判／120頁　定価1,050円(税込)

いいまちづくりが防災の基本
―防災列島日本でめざすは"花鳥風月のまちづくり"―
片寄俊秀(大阪人間科学大学教授)著
□A5判／88頁　定価1,050円(税込)

地域のメタ・ガバナンスと基礎自治体の使命
―自治基本条例・まちづくり基本条例の読み方―
日高昭夫(山梨学院大学教授)著
□A5判／100頁　定価945円(税込)

まちづくりと新しい市民参加
―ドイツのプラーヌンクスツェレの手法―
篠藤明徳(別府大学教授)著
□A5判／110頁　定価1,050円(税込)

自治体の入札改革
―政策入札―価格基準から社会的価値基準へ―
武藤博己(法政大学教授)著
□A5判／136頁　定価1,260円(税込)

犯罪に強いまちづくりの理論と実践
―地域安全マップの正しいつくり方―
小宮信夫(立正大学教授)著
□A5判／70頁　定価945円(税込)

増補版 自治を担う議会改革
―住民と歩む協働型議会の実現―
江藤俊昭(山梨学院大学教授)著
□A5判／164頁　定価1,575円(税込)

地域防災・減災 自治体の役割
―岩手山噴火危機を事例に―
斎藤徳美(岩手大学副学長)著
□A5判／100頁　定価1,050円(税込)

自治体と男女共同参画
―政策と課題―
辻村みよ子(東北大学大学院教授)著
□A5判／120頁　定価1,260円(税込)

政策法務のレッスン
―戦略的条例づくりをめざして―
松下啓一(大阪国際大学教授)著
□A5判／108頁　定価945円(税込)

自治体法務の最前線
―現場からはじめる分権自治―
提中富和著
□A5判／128頁　定価1,365円(税込)

インターネットで自治体改革
―市民にやさしい情報政策―
小林隆(東海大学准教授)著
□A5判／126頁　定価1,260円(税込)

ローカル・マニフェスト
―政治への信頼回復をめざして―
四日市大学地域政策研究所(ローカル・マニフェスト研究会)著
□A5判／88頁　定価945円(税込)

ペイオフと自治体財政
大竹慎一(ファンドマネージャー)著
□A5判／70頁　定価945円(税込)

自治体の立法府としての議会
後藤仁(神奈川大学教授)著
□A5判／88頁　定価945円(税込)

自治体議員の新しいアイデンティティ
―持続可能な政治と社会的共通資本としての自治体議会―
住沢博紀(日本女子大学教授)著
□A5判／90頁　定価945円(税込)

ローカル・ガバナンスと政策手法
日高昭夫(山梨学院大学教授)著
□A5判／60頁　定価945円(税込)

分権時代の政策づくりと行政責任
佐々木信夫(中央大学教授)著
□A5判／80頁　定価945円(税込)

●ご注文お問い合せは●

イマジン自治情報センター　TEL.03(3221)9455／FAX.03(3288)1019
〒102-0083 東京都千代田区麹町2-3 麹町ガーデンビル6D　http://www.imagine-j.co.jp/

D-file [ディーファイル]

イマジン出版 〒112-0013 東京都文京区音羽1-5-8

分権自治の時代・自治体の新たな政策展開に必携

自治体の政策を集めた雑誌です
全国で唯一の自治体情報誌

毎月600以上の自治体関連記事を**新聞1紙の購読料**なみの価格で取得。

[見本誌進呈中]

実務に役立つよう記事を詳細に分類、関係者必携!!

迅速・コンパクト
毎月2回刊行(1・8月は1回刊行)1ヶ月の1日〜15日までの記事を一冊に(上旬号、翌月10日発行)16日〜末日までの記事を一冊に(下旬号、翌月25日発行)年22冊。A4判。各号100ページ前後。各号の掲載記事総数約300以上。

詳細な分類・編集
自治体実務経験者が記事を分類、編集。自治体の事業・施策に関する記事・各種統計記事に加えて、関連する国・企業の動向も収録。必須情報がこれ一冊でOK。

見やすい紙面
原寸大の読みやすい誌面。検索しやすい項目見出し。記事は新聞紙面を活かし、原寸サイズのまま転載。ページごとに項目見出しがつき、目次からの記事の検索が簡単。

豊富な情報量
58紙以上の全国紙・地方紙から、自治体関連の記事を収録。全国の自治体情報をカバー。

自治体情報誌 D-file別冊 Beacon Authority [ビーコン オーソリティー] 実践自治

条例・要綱を詳細に収録
自治体が制定した最新の条例、要綱、マニュアルなどの詳細を独自に収録。背景などポイントを解説。

自治体アラカルト
地域や自治体の特徴的な動きをアラカルトとして編集。自治体ごとの取り組みが具体的に把握でき、行政評価、政策分析に役立つ。

タイムリーな編集
年4回刊(3月・6月・9月・12月、各月25日発行)。各号に特集を掲載。自治体を取りまく問題をタイムリーに解説。A4判・80ページ。

実務ベースの連載講座
最前線の行政課題に焦点をあて、実務面からの的確に整理。

施策の実例と評価
自治体の最新施策の事例を紹介、施策の評価・ポイントを解説。各自治体の取り組みを調査・整理し、実務・政策の企画・立案に役立つよう編集。

D-fileとのセット
D-fileの使い勝手を一層高めるために編集した雑誌です。別冊実践自治[ビーコンオーソリティー]のみの購読はできません。

ご購読価格 (送料・税込)

☆年間契約	55,000円	=[ディーファイル]年間22冊 月2冊(1・8月は月1冊) 実践自治[ビーコンオーソリティー]4冊/(年間合計26冊)
☆半年契約	30,500円	=[ディーファイル]半年間11冊 月2冊(1・8月は月1冊) 実践自治[ビーコンオーソリティー]2冊/(半年間合計13冊)
☆月払契約	各月5,000円 (1・8月は3,000円)	=[ディーファイル]月2冊(1・8月は月1冊) 実践自治[ビーコンオーソリティー]=3,6,9,12月各号1,250円

お問い合わせ、お申し込みは下記「イマジン自治情報センター」までお願いします。

電話 (9:00〜18:00) **03-3221-9455**
FAX (24時間) **03-3288-1019**
インターネット (24時間) **http://www.imagine-j.co.jp/**